3・11本当は何が起こったか：巨大津波と福島原発

――科学の最前線を教材にした暁星国際学園「ヨハネ研究の森コース」の教育実践

丸山茂徳 監修

東信堂

監修者のことば

丸山　茂徳
（東京工業大学教授）

本書は、２０１１年6月25日に「暁星国際学園ヨハネ研究の森コース」で行われた特別講義をもとに執筆されています。この講義の相手は小学生から高校生まで幅広い年代の子どもたちですが、私は子ども相手に話をしたつもりは一切ありません。研究に携わる後輩たちに語るつもりで話しています。ですから、内容は私が科学者や政治家の方たちに向けて話したものと遜色がありません。

本書では、第1章で地震・津波・原発事故に関して、私の見解を述べる特別講義の内容を収録しています。第2章は、「ヨハネ研究の森」の生徒たちと私による、質疑応答の様子です。そして、第3章には生徒から講義後に提出されたレポート2篇を掲載しました。第4章では、私が継続して講義を行っているヨハネ研究の森コースの教育の理念を、コースの産みの親であり、代表者である横瀬和治先生にまとめていただいています。

私がヨハネ研究の森コースを初めて訪れたのは、このコースができて3年目になる２００３年のことです。当時、ヨハネ研究の森では大陸移動説の提唱者である「アルフレッド・ウェゲナー」をテーマとした学習を進めていました。私は地球内部のダイナミクスを総合的に説明する「プルーム・テクトニクス」を提唱していますから、その講義をしてほしいということで招かれたのです。

講義が始まると、ヨハネ研究の森の子どもたちが、一言も聞き漏らすまいと必死に鉛筆を走らせてメモをとっていることに私はまず驚かされました。そして、講義の後の質疑応答では次から次へと私に質問が投げかけられ、終了予定時刻を過ぎても、いつまでも彼らの手は挙がり続けていました。さらに数日後に、彼らが講義を聞いて書き上げた大量のレポートが届いたのです。

私は、日本もまだ捨てたものではない、とこのとき思いました。それ以来、毎年ヨハネ研究の森を訪れて、自分の進めている研究についての講義をしています。

私は、自分が社会に貢献して何が残せるだろうかと考えながら、本を出版したり講演活動を行ったりしてきました。しかし、将来を担う子どもたちに対して、自分の思想を直接の対話で伝えることができる場所は、唯一このヨハネ研究の森だけです。

さて、この特別講義の中で語られている内容は実に多岐にわたり、震災復興のために必要な作業を指摘するだけにはとどまらないものとなっています。今回の震災で発生した地震と津波は、これまで定説とされてきた理論では想定できない規模のものでした。そこで講義の冒頭では、地震と津波のメカニズムに再検討を加えています。また福島第一原発の事故に関しては、この災害を人災としてとらえ、組織論の観点からも私の見解を述べました。

これらの講義内容は、今回の震災に伴ってすべての日本人が目を向けるべき事柄です。そして同時に、この国の将来を担う子どもたちに向けた、私からのメッセージも多く含んでいます。ぜひ両方の観点からお読みいただきたいと考えています。

この講義は質疑応答を含めると5時間にも及ぶものでした。普通の学校ではありえないことです。また、ただ時間が経過していくのではなく、その間、子どもたちのメモを取る手が止まることがありませんでした。なぜこのようなことが起こるのか、その種明かしを第4章で詳しく紹介しています。

様々な問題を抱える現代社会、それを改革し、変えていくことができるのは、私たち大人なのでしょうか、あるいはこれから大人になっていく少年少女たちなのでしょうか。

少なくとも20年後、30年後の社会を支えていくのは、今の小中高生であることは間違いありません。彼らに私たちは何を託すのか、この本をお読みになる読者の皆さんにもぜひ考えていただきたいと思っています。

デザイン――中嶋仁志デザイン事務所
編集協力――松並治孝・赤羽根弥生・
笠原正大
図版作成――渡邉志緒

3・11本当は何が起こったか：巨大津波と福島原発

――科学の最前線を教材にした暁星国際学園「ヨハネ研究の森コース」の教育実践

第1章　3・11本当は何が起こったか：巨大津波と福島原発
――早期収束の具体的提案

はじめに

こんにちは。皆さんと前回お会いしてから、もう一年が経ちましたね。いま福島で、原子力発電所が大変なことになっています。この原発に関する問題はまだ収束しておらず、国内で混乱が続いているのですが、いまの段階で早急にやっておかなければならないことがあります。私は今日、この問題について私がこれまでどのように考え、どういう行動をとってきたかという話をしようと思います。

この問題について私と一緒に活動してきた人たちの名前がこのスライドに書かれていますが、そのうちの何人かは国会議員の方たちです。こういう方たちが一所懸命に国民会議というものを作り、国会で議員立法案を持ち出して、というように、私たちの活動は現在進行形で動いている社会運動でもあります。

さて、今日の話の流れについてですが、私は皆さんのためにいくつかの話題を用意してきました。最初が、地震の原理についての話です。世の中では、今回の地震が想定外の規模のものだったと言われていますね。しかし私に言わせてもらえば、これは想定の範囲内のものなのです。なぜ私が想定の範囲内の規模と考えているのか、この点について、地震の原理自体を見直すという切り口から話をしましょう。

二つ目は、津波の原因と、その制御の可能性についてです。今回の震災では、地震によって直接の被害を受けた方が少ないにもかかわらず、その後の津波の影響を強く受けて、数万人もの方たちが被災しました。しかし、私は津波の原因について新たな仮説を構築してきています。そして、私の考えに基づいて対策を行うならば、今後は津波による被害を防ぐことができるようになるでしょう。

そして、三つ目の話題が、原子力発電所の問題についてです。私はこの話の中で、原発が被災した原因と、その対策について述べていくつもりです。

これまで地震の発生原理はどのように考えられてきたか

それでは、地震についての話から始めましょう。

多くの地震学者は、今まで次のように考えてきました。まず、太平洋プレートという大きなプレートがあり、このプレートが隣のプレートの下に沈み込んでいます。そして、地震というものはこのプレート同士の境界でのみ発生する、というのが従来の学者たちの主張です。

プレートが沈み込む速さは、年間に10 cm程度です。1年でたった10 cmなんてずいぶん遅い、と皆さんは思うかもしれませんね。しかし、地球の表面で起きる運動として考えると、これはものすごく速い動きなのです。この大きな運動によって、プレートはズルズルと沈みこんでいき、そのために常にプレート同士の境界は少しずつこすれています。この移動を支配しているのが、位置エネルギーです。

位置エネルギーと言ってしまうと難しいでしょうか。皆さん、水力発電のことを想像してみてください。水力発電では、上のダムなどにためた水を下へと落とし、そのエネルギーでモーターを動かして電気を作り出していますね。プレートの場合は、上から下へと自重で沈み込んでいくときに、境界で摩擦が発生しています。この摩擦エネルギーが、地震へと変わって放出されるというわけです。このとき地震へと変わるエネルギーの量は、位置エネルギー全体のうちの約1割だと考えられています。

ところで、さっきお話ししたように、プレートの沈み込みというものは、ものすごく速い動きです。そうやって速く沈み込んでいきながら、プレートは常にズルズルと小さな摩擦を起こしています。だから、そのエネルギーの数十倍という規模で地震が発生するわけがない、とこれまで地震学者たちは考えてきました。彼らにとってマグニチュード9という今回の地震は「想定外」の規模のものだったのですね。

今回の地震は「構造浸食型地震」

しかし今回の地震は、そもそもプレート境界で発生したものではない、と私は考えています。あれは、「構造浸食型地震」と呼ぶべきものです。では、私の考えについて詳しく説明していきましょう。

図1を見てください。

今までの学者が地震の震源として考えてきたのが、このプレート同士の境界面です。しかし、私が主張したいのは、今回の地震の震源は、この境界面よりも上方の、上盤側のプレートの内部の断

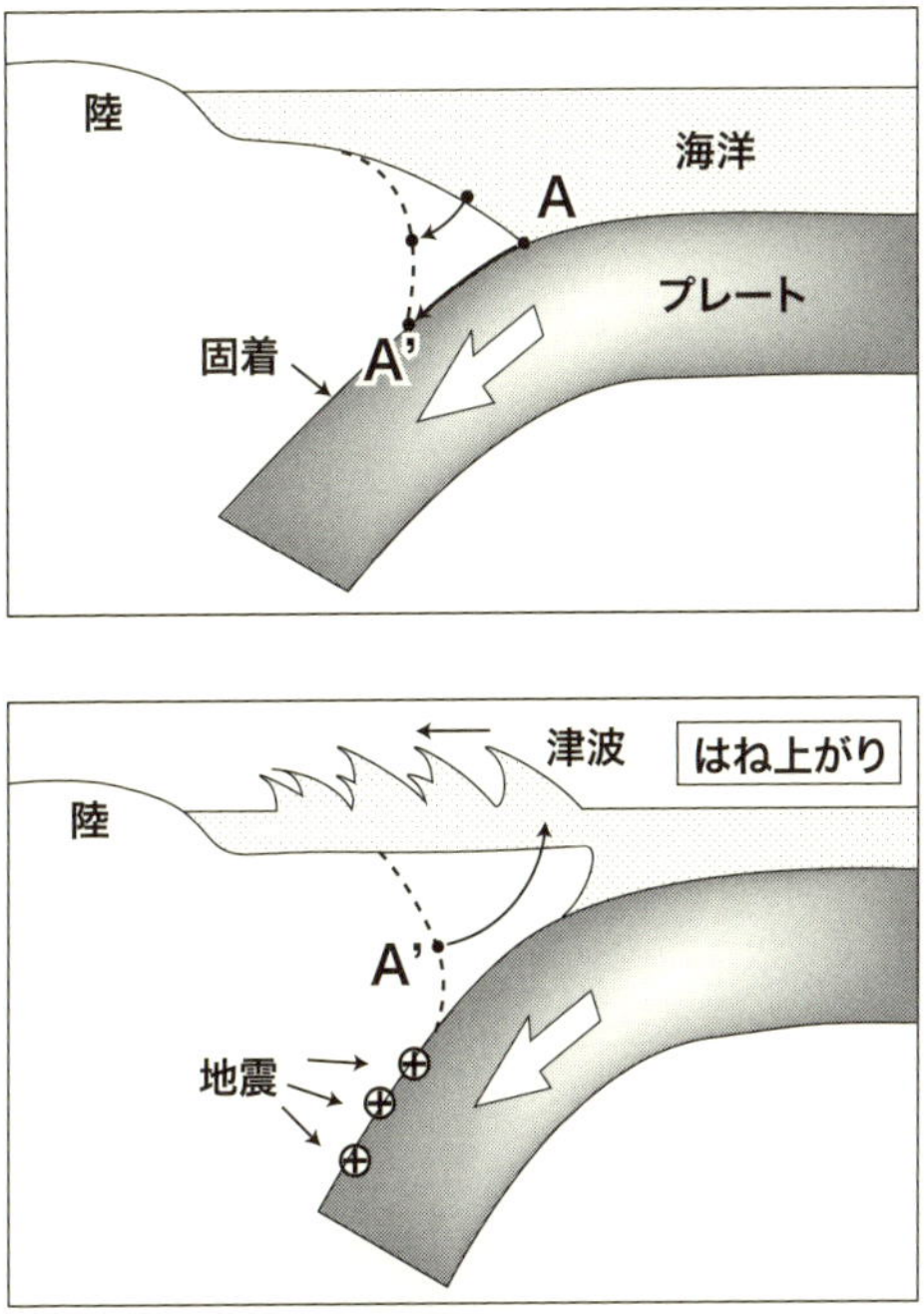

図1　従来の地震発生についての考え方(通説)

上：プレートが海溝から沈み込むと上盤側のプレートの前面が海溝深部へ引きずられ、海溝A点はA′点まで沈み込む。地震が起きるとリバウンドして、A′点は跳ね上がり、A地点まで戻り、上位の海水をまきあげて津波を起こす(下)。

層であるということなのです。震源がプレート境界なのか、それとも上盤側の断層面なのかということで、地震学者の間でも意見が分かれています。

震源の位置なんて計測すれば簡単にわかるだろう、と皆さんは思うかもしれません。しかし実際のところ、地震計というものは陸上にしか設置されていません。だから、ある地点の真下で地震が起きた、ということは正確にわかるのですが、どの深さで発生したか、ということついては上下方向で10㎞もの誤差が出てしまいます。そのせいで、学者の間でも海面下の震源の位置が論争になってしまうのです。

プレート境界面と断層面では、上下方向に20㎞程度しか距離がありません。そして、測定上で10㎞の誤差が出てしまうとなれば、これはどちらで発生したかを計測で決めることはできませんよね。

では、私がなぜ断層面が震源だと考えるかをお話ししましょう。まず、プレート境界面で何が起きているかということから説明していきます。

昔、地殻の浅い場所で地震が発生したときに、水が地表に砂と共に噴出したことがあります。断層と液体(水)は一体化したものなのです。この水の中に溶けているのが「シリカ」です。神戸の大震災の時に生じた断層面は、このシリカが結晶化して断層面という傷を完全に融合して固めてしまいました。このシリカは、接着剤のような役割を果たすと考えてください。このシリカのために、水が出てきてから一分以内に、接着剤で固められたように上下のプレート同士がくっついてしまいます。

こうして上下のプレートが接着されてしまっても、沈み込むプレートは常に下へとすべりこみ続けているわけです。そして、上側のプレートはこの沈み込むプレートにくっついて引きこまれ続けています。皆さんもイメージできるのではないかと思いますが、こうなってしまったら、いずれどこかの部分が割れることになるでしょう。

この大規模な割れが発生する周期が千年に一回で、割れる場所もだいたい決まっています。そのとき割れるのが上盤側の断層部分であって、ここにものすごく大きなエネルギーが生じます。これが、マグニチュード9の地震の正体です。プレート境界で通常起きる地震はマグニチュード8以下ですが、1000年に1回起きるマグニチュード9の大地震は、上盤側ですでに固化して1つのプレートの中にある古傷の断層が再度動かされる、新断層の破壊なのです。

図2を見てください。

このとき、太平洋プレートのCの部分が、海溝へと沈み込んでいきます。位置的には、沈み込む部分というのは海溝の真上ですね。そして、陸地側のプレートのBの部分というのは、力学的に考えると、実は太平洋プレート側のCに属していると言えるのです。太平洋プレートにくっついてしまったBの部分は、Cの部分と一緒に沈み込むように動いていきます。

そして、このBの部分が、沈み込んでいくCの部分によって、やがてAからはがされることになります。このときに広い範囲が破壊され、とてつもなく大きな地震が発生します。

このような形態の地震を「構造浸食型地震」と呼びましょう、というのが私の提案です。これは私の考案した用語ですから、インターネットや辞書で調べても意味は出てきませんよ。

もちろん、Bの部分がAの部分に属していて、Cとはくっついていない、という場合もあります。このようなときは、プレートの境界面で地震が発生するでしょう。しかし、今回の地震はそう

図2(a)

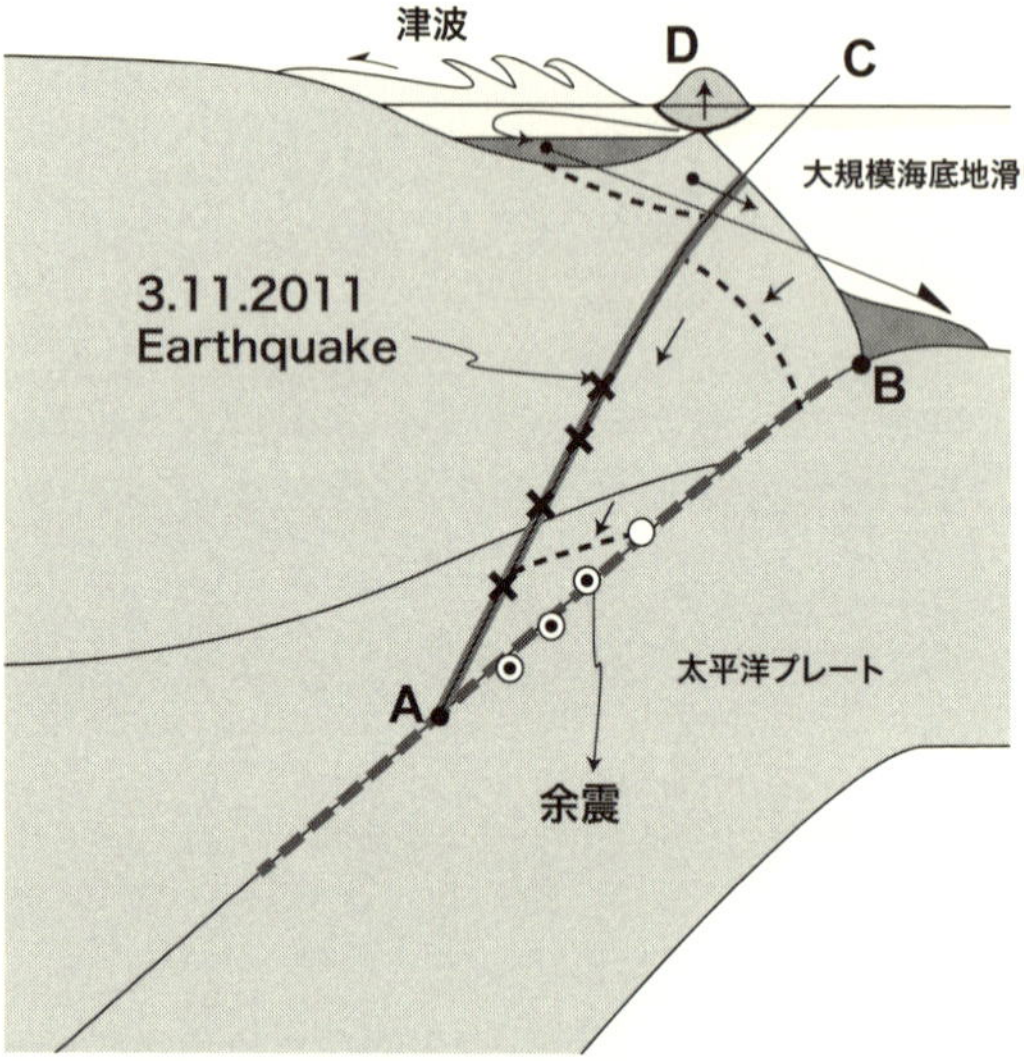

3.11 東北日本大地震のメカニズム。M=9.0の巨大地震はスラブ(プレート)上面の境界(A－B)で起きたのではない。上盤側のプレート内部の断層(A－C)にそって起きた。その直後に地点Dの内陸側の堆積盆地が崩壊して大規模な海底地すべりが発生した為に、津波が起きた。余震はスラブ上面のプレート境界(A－B)で起きた。

図2(b)

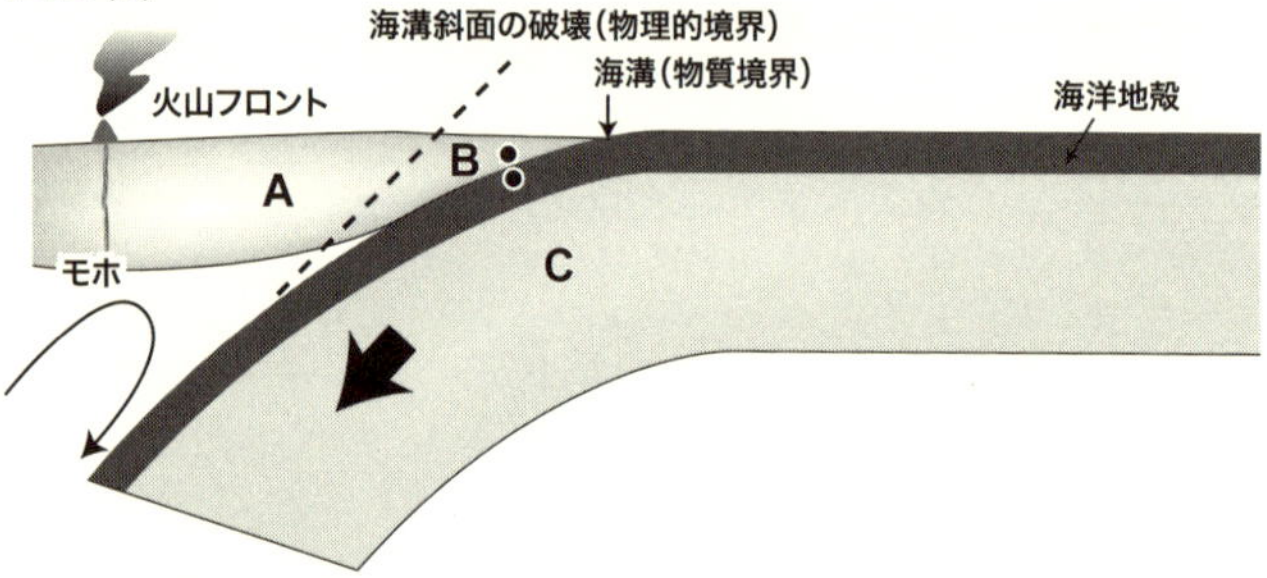

構造浸食型地震が起きる原理。沈み込むスラブCの上面にそって通常、M<9の地震が起きる。スラブは地下深部に自重で沈み込み、上盤側のプレートを下に引きずる。スラブCの曲率の接線(破線)から海側のブロックBは、上盤側のプレートと力学的に異なる振る舞いをする。BとCの接着が強くなると、AとBの間に逆断層が生まれ、短時間だがBはCのプレートの一部になる。高速で沈み込むスラブの上面で起きる地震に比べて、その断層(地震)の破壊は大きく、M=9の規模の地震を起こす。

図2(c)

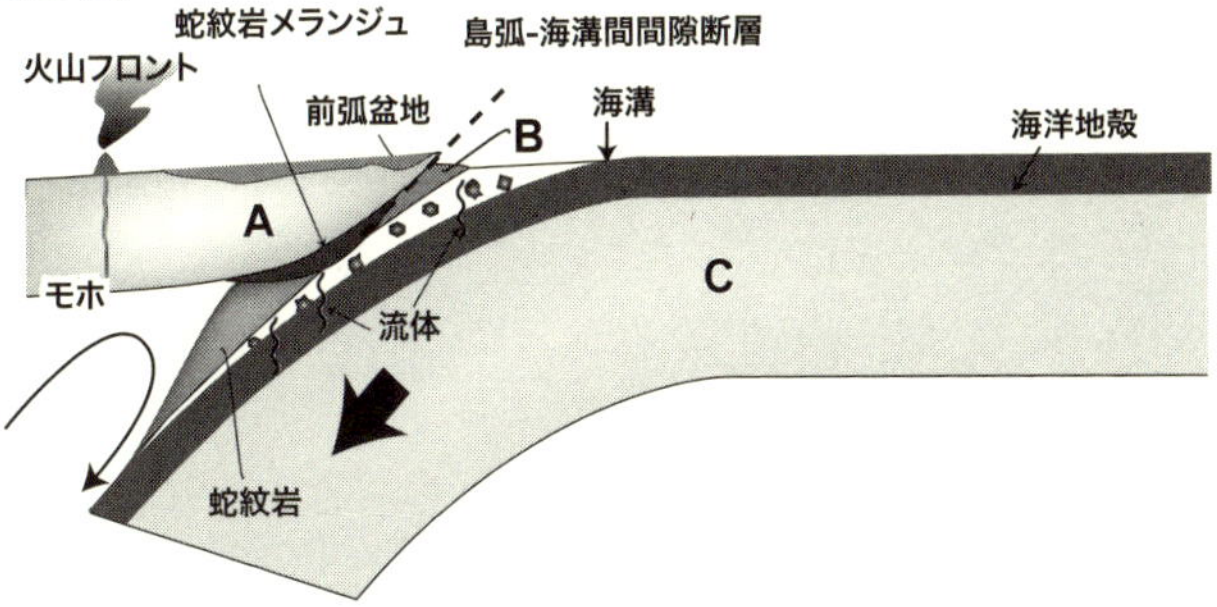

構造浸食型地震(a)、(b)、(c)

その結果、Bは破壊され、スラブとともにマントル深部に一方的に沈み込む。プレートは剛体なので、破壊されるだけで、ゴムのようにリバウンドしない。

ではありませんし、これまでの地震でも、Bの部分がCによってはがされることで生じたものがあったと考えることができます。

震源地の予想はなぜ当たらないのか

さて、地震についてはもう一つ、地震学で大切にされている概念があります。それが「固着域(アスペリティ)」です。アスペリティとはどういうものかを簡単に言ってしまえば、プレート同士がくっついている部分、ということですね。

地震学の分野では、過去50年間に地震がどこで起きてきたかを分析し、その間に地震が起きていない地域を地震の「空白域」だと考えています。こうした空白域が存在する原因として、これまでの地震学では、「空白域ではプレート同士がくっついており、それがまだ崩壊せずにいるため」であると考えてきました。

つまり従来の考え方では、地震の空白域に固着域があるとされてきました。この考えに基づいて、いずれプレート同士がくっついた部分は力がかかりすぎて割れることになるのだから、将来的に地震が発生するであろう、と予想されてきたのです。そして、空白域ではない部分、つまり地震が発生してきた部分のプレートは固着しておらず、ズルズルと沈み込んでいる最中ですよ、というのがこれまでの説明でした。

しかし、私の考えは、これとはまったく逆です。真逆だと言っていいでしょうね。実際には、空白域でこそプレートはいつもズルズルと沈み込んでいて、地震の発生地域ではシリカによってプレート同士がくっついているのです。**図3**を見てください。

地震が起きていない場所、つまり空白域とは、プレート境界面に流体がたくさんあって、常にズルズルと動いているところだと私は考えています。逆に、地震が起きているところでは、シリカが接着剤となってプレート同士がくっつこうとしているために地震が発生してきたのです。私は、これまでの固着域に関する理論は、白と黒が逆になっていると言いたいですね。

たとえば、東海地震というものがあります。東海地震で被害を受けるであろうと予想されている地域では、30年前からずっと、明日には地震が来るぞ、すぐに来るぞ、と言い続けられてきました。それはあの地域が地震の空白域だからで、近いうちに固着域が崩壊して地震が起きる、と考え

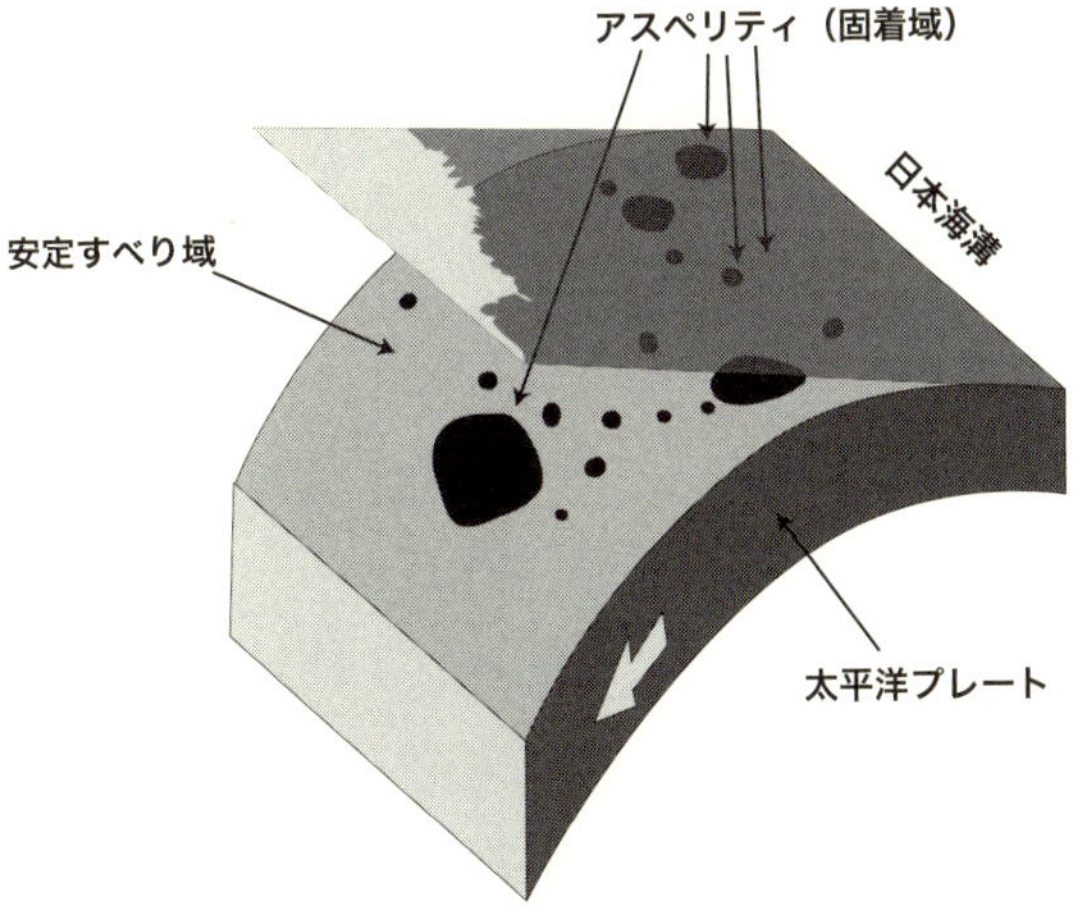

図3　地震空白域は固着していない＝流体に満ちた free-slip zone

高速で起きるプレートの沈み込みは地震を伴わずに、スルスルとマントルに滑り込む。位置エネルギーの解放の殆どは地震のエネルギーに変換されない。スルスルと沈み込むだけである。スラブの上面には水に富む流体が存在し、それが潤滑剤の役割をするからである。しかし、スラブが局所的だが接着すると、そこでは破壊が起きる。それが地震である。この考えは地震学の常識的解釈とは異なる。地震学では地震の空白域は asperities《アスペリティ》（固着域）と呼ばれスラブが上面と強く接着している場所と考えられている。

られていたからです。

しかし私は、いま予想されている震源地では、東海地震は発生しないと思います。なぜなら、あの空白域では、常にプレートがズルズルと沈み込んでいて、ストレスがたまっていないからです。

最近のGPSを利用すれば、静止衛星によって、今の地表の位置を正確に知ることができますね。調べてみると、伊豆半島という場所は、かなりの速さで浜松に向かって移動しています。このデータを調べれば、一年間にどれくらい伊豆半島が動いたか皆さんもわかりますよ。もしこの地域のプレートが固着していれば、このような速さでは接近しないはずなのです。

伊豆半島は、フィリピン海プレートというプレートの上にあり、このプレートによって本州と接近しています。そして、とても固着しているとは思えない速度、年間２cmという速さで接近しています。こうしたデータを見て私がわかったのは、この地域ではものすごくゆっくり動く地震、つまり私たちが感じないくらいの規模の地震がずっと起き続けている、ということです。こういうタイプの地震を「ぬるぬる地震」と呼ぶこともあります。この言葉は私が考えたものではありません。地震学者の何人かは、こうした現象が起きていることに気がついているのです。ですから、空白域とは固着域である、という概念は、実は崩壊していると言えるでしょう。

また、これまで日本では、プレートのはね上がりが地震の原因だと考えられてきました。一方のプレートが沈み込んでいくとき、もう一方のプレートも一緒に沈み込んでいきます。これが限界に達したとき、下に引っ張られたゴムが元に戻るように、勢いよくプレートがはね上がって地震が発生する、という理論ですね。

しかし、この理論ではマグニチュード９という規模の地震は説明できませんし、後で解説するように、今回の津波で観測された７ｍというはね上がりも説明できないのです。そもそもプレートのはね上がりという説は、偉い学者が陸の隆起から想像しただけのものでしかありません。固着域の考え方もプレートのはね上がりに関する説も、すでに崩壊しています。ただ、学者たちがそれを認めないだけです。

これまでの常識では説明できない巨大津波

さて、それでは次に、津波について考えていきましょう。

今までの津波の発生原因がどのように説明されてきたか、皆さんはもう知っていますね。先ほど少しお話ししましたが、プレートのはね上がりによって地震が発生する、という従来の説がありますす。このはね上がった部分の力で海に波ができ、このことによって津波が発生する、とこれまでは考えられてきました。

しかし今回の津波では、海面が7mはね上がったと報告されています。海は、当然ながら液体です。そこで流体力学によって計算してみると、どうやっても7mという海面のはね上がりを説明できないのです。スーパーコンピュータでも第一波の7mという高さを計算することができません。それならば従来の説とは別のメカニズムが今回の津波では働いていると考えるべきでしょう。

私に言わせれば、従来の理論で今回の津波が説明できないというのは当たり前のことです。そもそも、プレートのはね上がりなどというもの自体が推測でしかありません。偉い人がそう言っているので皆が正しいと思っていますが、実際のところは間違っているということなのでしょう。

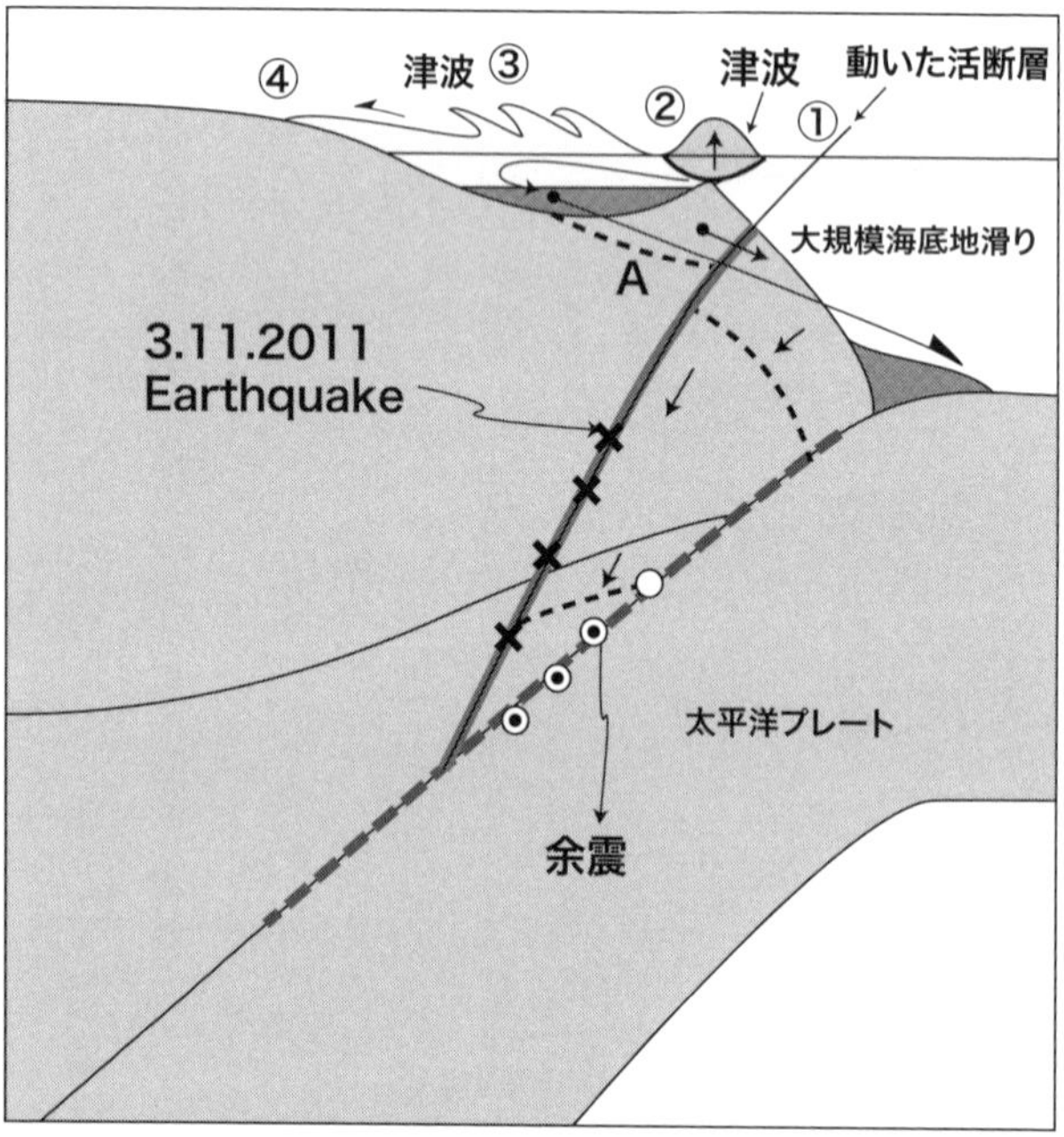

図４　構造浸食型地震の大規模海底地滑りと大津波発生メカニズム

津波の発生メカニズム。東北日本の海底地形は、仙台沖のなだらかな陸棚斜面と、傾斜がきつい海溝陸側斜面からなり、傾斜の変換点Aの直下に巨大な活断層が走っている。地点Aの陸側に大きな堆積盆地が発達している。2011 年、3 月 11 日の大地震(断層運動)はこの堆積盆地の縁の直下で発生し、堆積盆地が壊れて、内部の堆積物が大規模な海底地すべりを起こして海溝に崩落した。その結果、生じた海底地すべり流の直上の海面が凹み、直後に盛り上がり②、巨大津波を起こして陸地に向かった③、④。海底に沿って海溝側へと堆積物が移動したので、海面付近の流れは海から陸へと向かう。

それでは、津波はなぜ起きたのでしょうか。私が提唱するのは、津波の「海底地すべり説」です。**図４**を見てください。

仙台湾の沖の海底には、地形的に巨大なバケツとでも言うべき、海底峡谷が存在します。この部分の深さはせいぜい１００ｍといったところでし

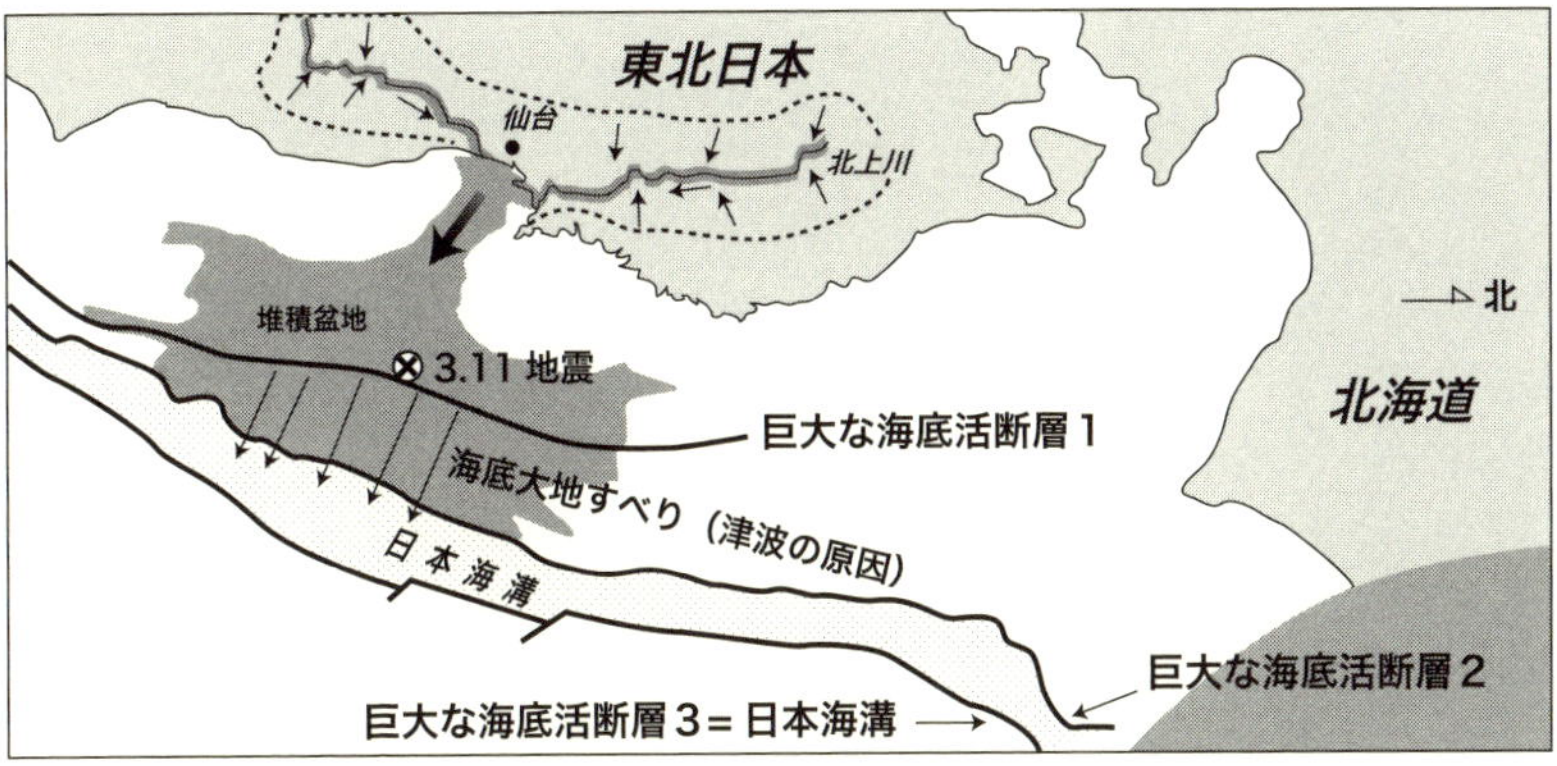

図５　海溝内壁の力学境界断層で地震は起きた

空から眺めた東北日本と東側の海底地形。海溝の陸側に、巨大な活断層があることは海底探査によって昔から知られていた。今回の3.11 大地震の震源は仙台沖の堆積盆地(灰色)の直下にある。東北日本に降った雨や雪は、北上川とその支流を通じて、北から南へ運ばれ仙台沖の堆積盆地に集中して貯まる。一方、東北日本南部に降った雨と雪は阿武隈川とその支流によって北に運ばれ、仙台沖の同じ堆積盆地に集中的に貯まる。この巨大堆積盆地は1000 年程度で堆積物によって満杯となり、地震で崩壊して海溝へと移動する。その時に巨大津波を起こす。

よう。この海底にあるバケツが、今回の理論の重要なポイントです。この図の濃く塗りつぶされた部分(堆積盆地)は、堆積物がたまる場所を表していています。

まず、陸地に雨が降ると、川は泥と砂を流して海へと運んでいきます。この海に流れこんだ泥砂がどうなるかというと、実は海底にも川のような存在である海底谷があって、これに沿って流されていきます。仙台湾という場所は、北上川をはじめとする複数の河川からの泥砂が、この湾ただ一か所へと集まってくるような地形をしているのですね。東北地方の泥砂が北上川によって運ばれてきますし、福島側からの泥砂も、この湾へと流れ込んできます。要するに、陸からの泥砂の出口が一か所しかないわけです。さらに、リアス式海岸が潮流によって削られた泥砂も、ここに流れ込んできます。

こうして、巨大なバケツである仙台湾の海底峡谷に、大量の泥と砂がたまっていったのです。こうした泥砂は、1000年間にわたって堆積し続けていったと考えられます。

今回の地震では、こうした大量の堆積物を抱えた海底峡谷のへりが、地すべりを起こして崩れ落ちているのです。この巨大なバケツのへりの部分が、断層に沿って崩壊していると考えてください。堆積物は一気に海底峡谷よりもさらに深い海底、深さ7500mの海溝へとなだれ落ちていきます(図5)。その移動速度は時速100kmを超えるでしょう。また、その量はどれくらいかというと、崩壊後の海底に積もった高さが50mに達するほどのものです。

これほどの量の堆積物が一気に海中で移動した場合、何が起きるでしょうか。そう、もともと堆積物のあった部分に、空白が生じますよね。しかし、そこが真空になってしまうわけにもいきませんから、上方の海面がへこんで、空白部分へと水を送り込みます。このとき海面が一気に低下するのですが、その後方の海面にある水は、前方の海面の場所に向かって移動することになります。このような海中での水の流れによって、津波が陸へと押し寄せるのです。

これが、東北地方で発生した今回の津波の真相です。実際に、地震の後にJAMSTEC《ジャムステック》(海洋研究開発機構)が探査艇を出して調べてみると、大規模な地すべりが発生していて、土煙がもうもう

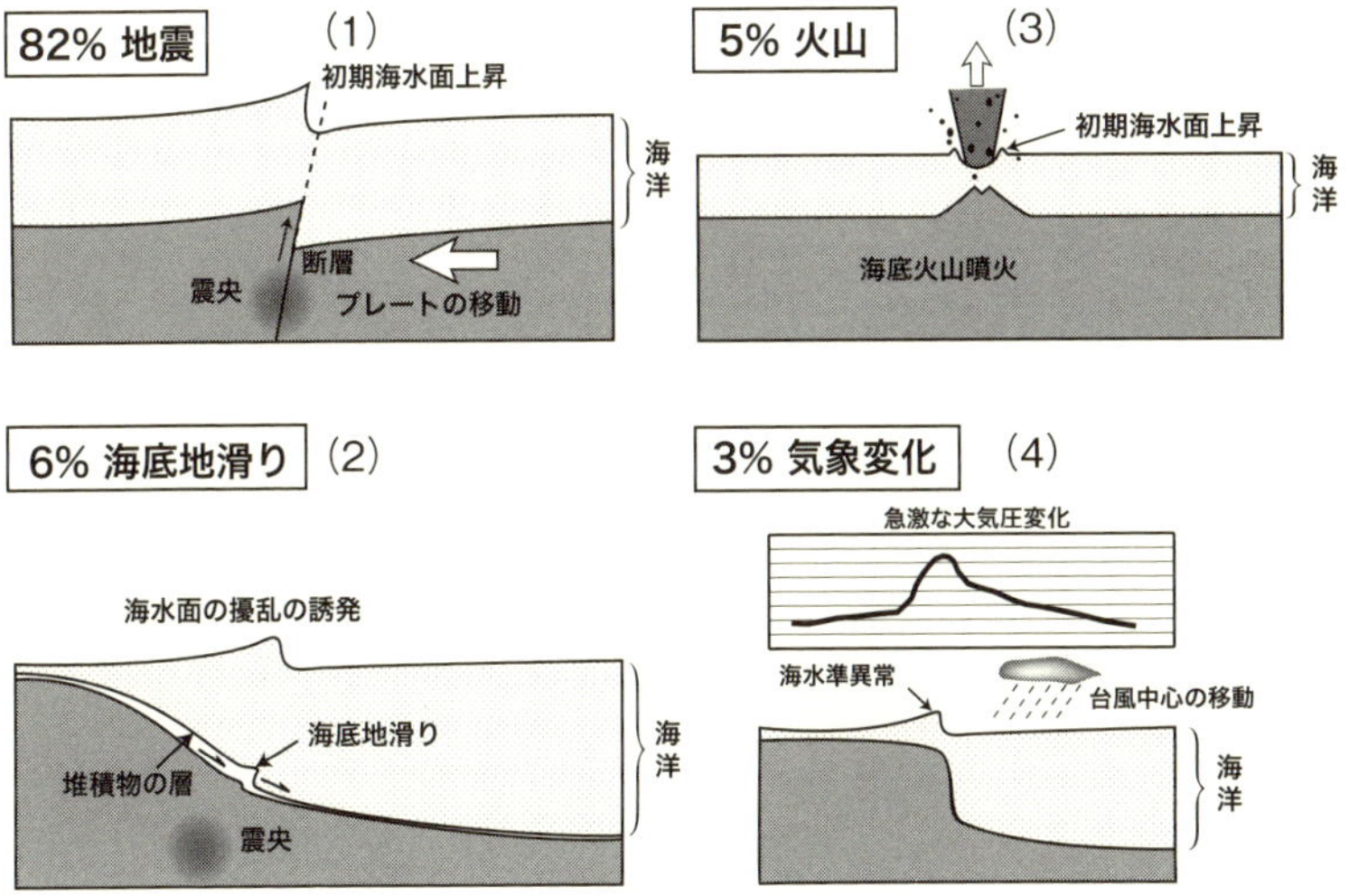

図６　津波の多様な発生メカニズム

津波の原因。(1)沈み込むプレートの運動反作用で起きる場合(82%はこのタイプと考えられている)、(2)海底地すべり(6%)、(3)海底火山の噴火(5%)、および(4)台風などが通過するとき。大気圧が急激に変化して津波が起きる。海底地すべりで津波が起きることはすでに知られた常識であるが、(1)の説は間違いで、(2)が殆どではないかと著者は考える。

と立ってしまって周りが見えなかったと言っています。これから世の中は、私が話した理論の方向へと動いていくはずですよ。

いま海の底で何が起こっているのか

今のところ、世界で起きる津波の82%、つまりほとんどは、プレートが沈み込んだ後ではね上がり、それと一緒に海面もはね上げられて発生したとされています。つまり、はね上がりで津波が発生する、というのは世界の常識になっているのですね。しかし、**図6**を見てごらんなさい。

この図の中に、ほんのわずか、6%だけですが、大規模な海底地すべりによって津波が発生すると書かれているでしょう。つまり、海底地すべりによって津波が発生する場合があるということも、科学者たちは知っていたのです。

江戸時代には、雲仙普賢岳で大規模な地すべりが生じて、有明海に大量の土砂が流れ込んだことがあります。そのとき、有明海の反対側に面していた村が津波に飲み込まれ、大勢の方が亡くなったそうです。アラスカでも、同様の事例があります。この二つの事例の場合、原因は非常にはっきりとしています。津波発生地点の反対側が陸地ですから、地すべりと大量の土砂の流入が明らかに観測できるわけです。

しかし、もし海底で地すべりが発生したとすると、それは直接目で見ることができません。私がいま皆さんにお話ししているのは、このすぐ目で見ることのできない海底の地すべりによって津波が発生しているはずだ、ということなのです。現在のところ、海底がにごりすぎてしまっているために、細かな探査ができないそうです。しかし、見えなくとも必ず大規模な海底地すべりが発生していると私は確信しています。先ほどお話ししたように、すでにJAMSTECによって地すべり自体は確認されていますから、あとは規模がどれくらいかということが問題になってくるでしょう。

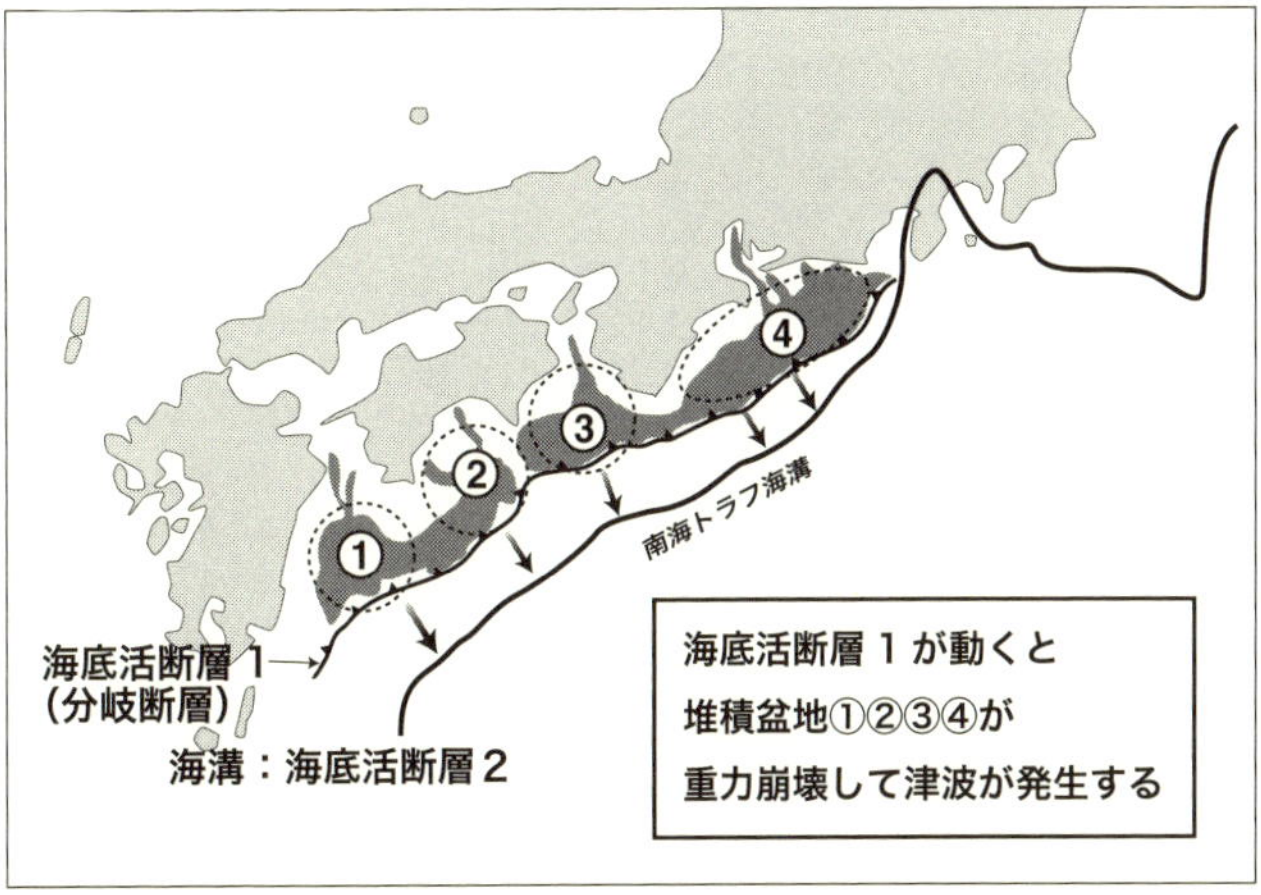

図７　南海トラフ海溝と堆積盆地

西南日本の津波の危険性。南海トラフ（海溝）から約 50km（確認）陸側に発達する分岐断層（活断層）と４個の堆積盆地（灰色）の分布。海溝軸と海岸線の約半分の距離の付近に活断層（分岐断層）がある。その直上に西から豊後水道沖、土佐沖、紀伊水道沖、熊野灘―遠州沖の４個の巨大な堆積盆地が発達する。分岐断層が動くと堆積盆地が破壊され、大規模な海底地すべりが起きて、津波を起こす。しかし、東北日本に比べると堆積盆地が分散しているので、津波の頻度と規模は小さいだろう。

日本の西南部にも巨大津波は来る？

では、東北に比べて、日本の西南部の地形はどうなっているのでしょうか。

東北地方では、仙台湾の沖に堆積物が集中してしまい、巨大なバケツが一つだけあるような状態でした。これに比べると、西南日本では、堆積物の集まるバケツが分散して存在しています。**図7**を見てください。

たとえば、木曽川が運んでくる泥と砂が集まる地域が、名古屋の沖にありますね。また、南アルプスの泥砂が堆積する地域もあります。紀伊半島の西側の紀伊水道、そして豊後水道の沖、四万十川の沖にも、こうした地域があるでしょう。いま、ざっと数えただけでも、五つのバケツが西南日本には存在するということになります。

西南日本でも、これらのバケツに近接する断層が動いた場合、堆積物がすべて崩壊して海溝へと落下していく、ということが起きるでしょう。そうなれば、西南日本でも東北と同様に、津波が発生します。

しかし、日本の西南と東北では、大きな津波が発生する危険性は異なってきます。東北日本と西南日本の面積を、とりあえず同じくらいだと考えてみてください。そうすると、同じくらいの広さの陸地から集まってくる泥砂を、仙台湾はたった一つのバケツだけで集め、西南日本はいくつものバケツに分散させて集めている、ということになりますね。堆積する土砂の規模も、それだけ違ってくるわけです。だから、大きな津波の発生する確率は、東北地方のほうが圧倒的に高いと言えるでしょう。

津波は未然に防ぐことができる

さて、津波の原因が海底地すべりであると考えた場合、津波を制御する方法も検討できるようになります。ずっと昔、武田信玄は毎年のように起きる洪水を防ぐため、川沿いに堤防を作りました

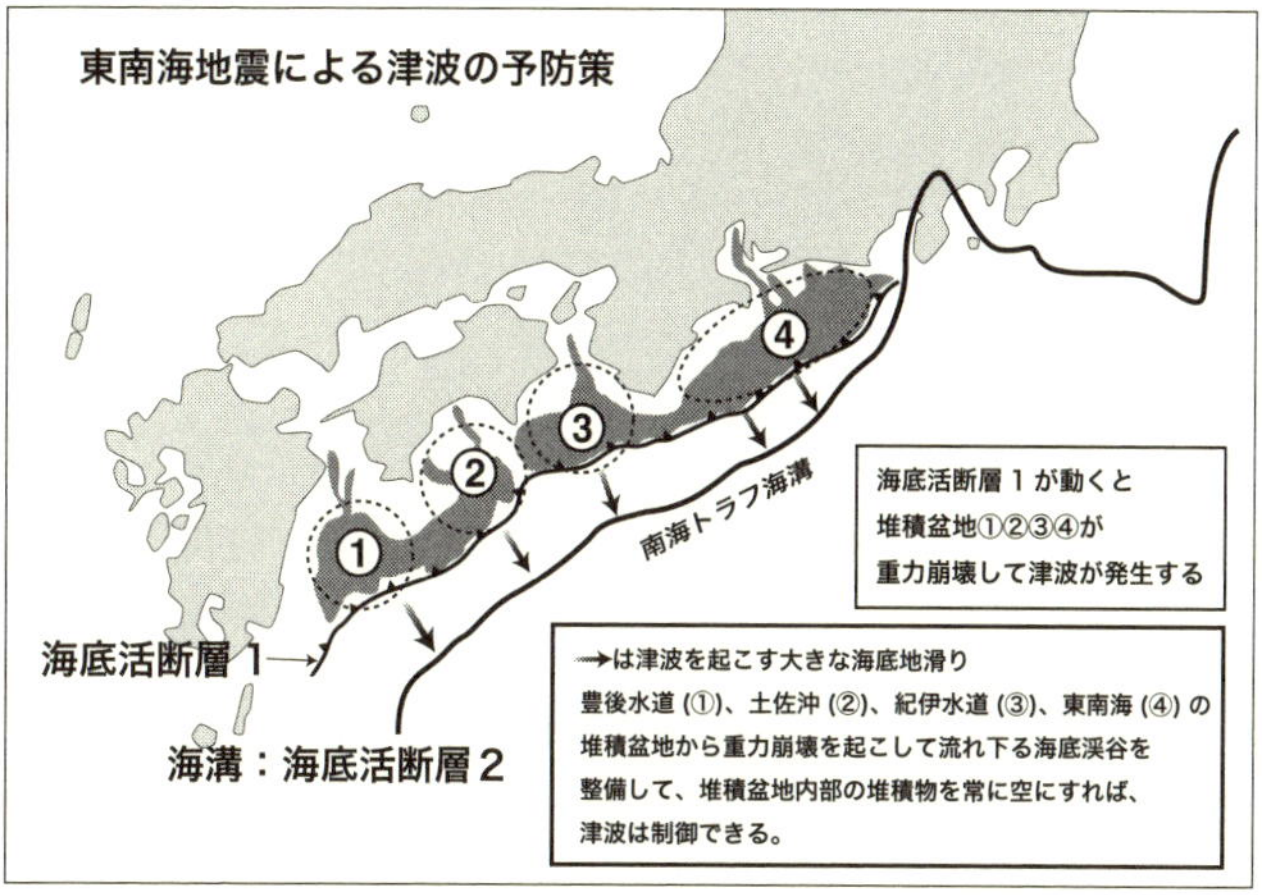

図8　東南海地震の可能性と対策

西南日本の巨大地震と津波の対策。4個の堆積盆地に埋積した堆積物や海底峡谷内部に貯まった堆積物をダイナマイトなどで人工的に清掃して重力不安定を無くし、海底峡谷を整備すれば津波は回避できる。

よね。そうやって洪水を防ぎ、その後も日本はたくさんの堤防を作ってきました。津波だって、同じように海底の峡谷を整備すれば防ぐことができる、と私は考えています。

先ほど、海の中にも川のようなものがある、ということで海底谷の話をしました。では、**図8**を見てください。

この海底谷に沿って、泥砂が運ばれてきます。そして、図の中にある「海底活断層1」(地震断層)とは、この地点で地震が発生する際の断層を示しています。泥砂がたまった海底峡谷のへりが断層に沿って崩壊すると、このバケツ状の部分から一気に下へと堆積物が落ちていくことになります。

では、ここで質問です。この原理を踏ま

えて津波を制御しようとするなら、どうすればいいでしょうか。もう二度と津波が起きない状態にするために、どのような対処をするべきですか。誰でもいいですよ、答えてごらんなさい。遠慮する必要はありませんからね。

中内（高校三年）　バケツの中にたまりきるより前に、泥砂を下へと流してしまえばいいのではないでしょうか。

そうですね。まずバケツの中を観測して、どれくらい泥砂がたまっているかを見るわけです。そして、堆積物がたまりきって不安定になっている場所があれば、海底に爆薬をしかけて壊し、少しずつ下へ流してやればいいでしょう。まさに君の言う通りで、そういう方法をとれば津波は防ぐことができるのです。

私の直感では、いま堆積物が満杯にまでたまっている場所というのは、紀伊半島のあたりでしょう。なぜかと言うと、この地域は本州で最も雨の量が多いところなのです。そして、山が高いために、泥砂が大量に運び込まれる場所になっています。そして、昔から津波の発生する地域だということも知られています。

今回の東北地方での津波のように、１０００年くらいの間隔で津波が来るというのは、このバケツが1000年で満杯になることが原因です。満杯になって危ない状態のときに地震が起きてしまえば、この堆積物は一気に落下して大津波を引き起こすでしょう。ですから今後の津波を予防するためには、紀伊半島にせよ他の地域にせよ、数十年に一回程度、たまった堆積物を落としてやればいい、ということになります。

原発事故について考える

それでは、ここからいよいよ、福島原発についての話に入っていきましょう。

今回の震災で被害を受けた後の原発の写真を見てみると、冷却水を汲み上げるためのパイプが設置されていたあたりの施設が、木っ端微塵に破壊されていることがわかります。この場所がつぶされた段階で、原発にいた人たちはそれが何を意味するかわかっていたはずです。

冷却水用のパイプが破壊された以上、もう水を汲み上げることはできません。そして、冷却水を欠いた状態で空焚きが1時間以上続いたら、核燃料は必ずメルトダウンを起こします。こんなことは、原子力に関わる業界の常識でした。

結論を先に言ってしまえば、原発の被災は、人災です。情報は隠ぺいされ、公表が遅れました。問題は、なぜ状況が明らかにならず、東京電力や政府に加えて多くのテレビ局・新聞をはじめとす

・1　御用学者の体質
・2　学会の驚くべき対応：静かにして風評被害を起こさないように！→異常である。社会責任を理解していない
・3　現在の大気中に放射性物質が少ない→そこに居ても安全、という論理は間違い
・4　近未来に備え最悪の事態を想定して移住などの対策→明日を的確に予言できる指導者が必要

図9　原発事故の対応と報道

る日本のマスコミが、ひたすら「安全」だと言い続けたのかということです。彼らは、国民の安全を守ろうとはしませんでした。むしろ、国民を危険地帯に縛りつけて見殺しにする、という思想でもあるかのような行動を見せました。このやり口は、太平洋戦争のときの大本営発表と同じではありませんか。

たとえば、大気中の放射線量の情報に関する彼らの姿勢を見ても、そういった考え方がうかがえます。**図9**を見てください。

原発で最初の水蒸気爆発が起きた直後、マスコミは「安全だ」と報道し続けました。彼らは安全、安全、安全と繰り返し伝えていましたよね。そして、原子力に関わる日本の学会は、このとき何をしたでしょうか。学会のトップはこう発言しています。「静かにして、風評被害を起こさないように。」これは、科学者の社会責任を放棄しましょう、という宣言ですよ。

さて、とにかく爆発が起きて、その後は大気の中の放射性物質は少なくなったとデータに表れています。だから彼らは皆、

人々に「その場所にいるように」と言ったわけです。もう、原発から半径50 kmより外側の地域は安全ですよ、とね。

しかし、この論理は間違っていますよ。皆さん、どこが間違っていると思いますか。さあ、誰か考えを言ってみてください。

河辺（高校二年）　放射性物質は、地面にたまっていると思うのですが。

うん、そうですね。君たち、ホコリはわかりますね。1ミクロンくらいの大きさの、小さなホコリを考えてみてください。そのホコリの中に、一億個くらいの原子があって、それが放射線を出している、と想像してみると、「大気中の放射性物質」とは何なのかが理解しやすくなるでしょう。

そこから出される放射線には、電磁波から電子までさまざまな種類があります。そういったものを出す物質が大気中に飛び交っている時期があったわけですが、ホコリと同じようなものだと考えれば、それらがいつか地面に落ちるということもわかりますね。地面に落ちてしまったら、大気中に舞っている量は少なくなりますよ。ですが、問題は地面に落ちたあとの放射性物質です。それらは消えてなくなるわけではありません。雪のように積もっていくのです。

いま、新聞は一所懸命に「今日の放射線量」として大気中の放射線量の値を発表していますが、あれは役に立ちません。大事なのは大気中の放射性物質の量ではないからです。放射性物質は雪のように積もり、風が吹いたら吹きだまりへと集められていきます。だから発表しなくてはならない情報とは、どこが一番危険な場所なのか、ということです。

原発事故の直後、マスコミはどこも、数値は大丈夫だ、安全だと繰り返していました。しかし、あのときマスコミが伝えなければならなかったのは、そういうことではなかったはずです。ベランダのような場所や、公園のように子どもが遊ぶ場所に存在する吹きだまりの危険性について、彼らは話すべきでした。また、すべり台で遊ぶ子どもは、手すりの両側をつかんですべり下りてくるでしょう。それは、両手で雪のような放射性物質をかき集めてくるということです。もし、その手をそのまま口に入れてしまえば、子どもたちは体内被曝を起こすことになってしまいます。

だから、マスコミはあのとき「これは大変なことだ」と言わなければならなかったのです。子どもたちがその後、がんなど様々なものを背負って生きていかなければならない事態になるかもしれません。いかに状況が危険なものであるか、それをマスコミは一時間おきにでも報道し続けなくてはなりませんでした。

しかし、彼らはひたすら「安全」という言葉を繰り返しました。今後、事故直後の被曝によって子どもが甲状腺がんを患う、といった健康被害が、東京から青森にかけて出てくることでしょう。そのとき、健康被害に加担したマスコミやその他の機関には、責任をとる義務があります。

また、私たちが事故などに際して退避するときには、最悪の事態を想定して動かなければなりません。そして科学者の役割は、その最悪の事態がどのようなものかを想定することにあります。科学者はそのために国から給料を受け取っているのですから、最悪の事態の予言は的確なものでなくてはなりません。

しかし、原発事故の直後、原子力安全委員会の責任者は姿を現しませんでした。いったい責任者は誰なんだ、とあちこちで追及が始まり、その結果として委員長がやっと出てきて謝罪しましたね。真っ先に出てきて今後の行動を指示しなくてはならないはずの人が、最後に出てきたわけです。そういう役割を果たそうとする人がいなかった、というところに、組織上の問題があると私は考えています。

本当のところが知りたい「放射線と健康被害」

健康被害についても触れておきましょう。そもそも、体外での被曝と体内での被曝とでは、体が影響を受けるレベルがまったく違ってきます。体内での被曝、つまり内部被曝のほうが、体外からの被曝よりも深刻な問題です。なぜなら、体外についたものは石けんで洗い落とせばいいだけですが、一度食べたものはなかなか体から外に出ていかないからです。

放射線が細胞に照射されると、遺伝子の切断破壊が発生します。これは特に、皆さんのような若い人たちや、子どもたち、あるいはお腹の中に赤ちゃんがいる女性にとって、大変な問題です。その理由はというと、私たち人間の大人というのは、もともと一個の細胞でしかなかったものが、分裂し、大きくなって六兆個の細胞の集まりになった存在です。この細胞が増えていくとき、その中にある遺伝子には、人体の設計図が書いてあります。この細胞は脳になりなさいとか、目になりなさい、手になるんですよ、といったことが設計図として書かれているのですね。

ところが、この設計図が、放射線によって壊れてしまいます。設計図といっても、これはタンパク質という有機物でできていて、近くに放射線を出す物質があると、このタンパク質が壊されてしまうのです。私たちのような年寄りは少しくらい遺伝子が壊されても大したことはありませんが、皆さんのような若い人たちは、遺伝子が働いて細胞が増えていく途上にありますから、これが深刻な問題になるのです。

では、放射線が人体に影響を与える度合いについて、**図10**と**図11**を見ながらもう少し考えてみましょう。

現在公表されている説明では、健康に影響を与える境界値に関して、グレーゾーンがかなり広くとられています。これは、放射線が人体に影響する度合いが、人間の個体・個性に大きく依存するためです。つまり、同じ量の放射線を浴びたとしても、どれくらい影響を受けるかは人それぞれだ

・1　体外被曝と体内被曝ではまるで違う
・2　境界値の意味(広いグレーゾーン；個体・個性に依存、しかも長期間の影響を実験できない)
・3　どこに合わせるか(20ミリシーベルト/年間)→小さい値しかない
・4　DNA(遺伝子)の切断、破壊が起きる

図10　被曝と放射線強度

1　最初の3日間が問題
2　東京まで拡散
3　大気中の放射線量が問題なのではない
→偏った最大蓄積量が問題
→マスコミは連日安全を強調

公園などの滑り台で
遊んだ子供は自主的に
放射線を集積し、口に
入れた可能性がある→
内部被ばくし、甲状腺障害へ→
誰が責任を持つ？

大阪大学、東京大学、広島大学の合同調査
放射線量の継続調査
50(5)cmの土壌の平均は意味があるか→地質学者の出番(社会責任)：最大蓄積値の把握

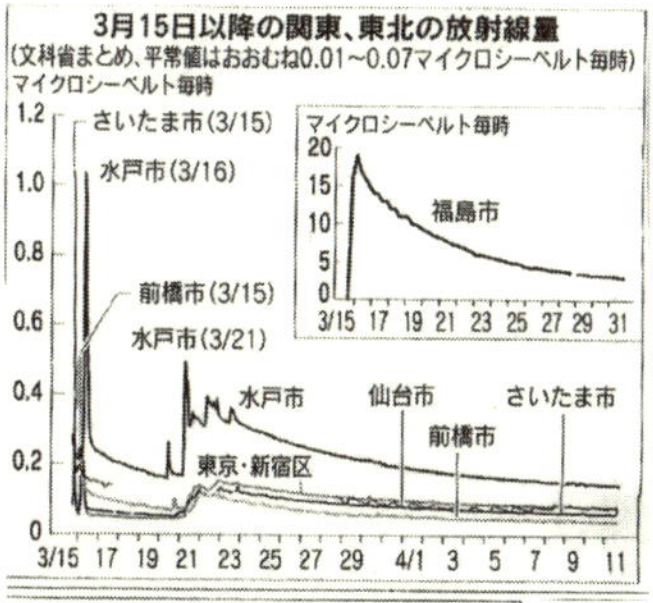

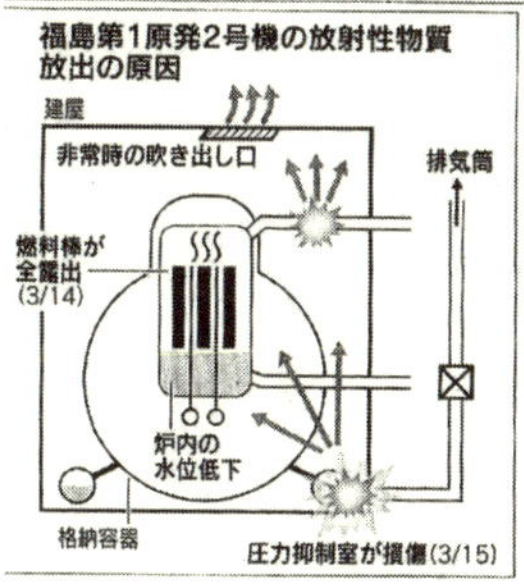

図11　放射性物質の放出と放射線量ー何をすべきか

ということです。だから、この数値以下は安全、これ以上は危険、と明示されていない範囲（グレーゾーン）が広いのです。それに加えて、長期間にわたる放射線の影響を調べようにも、人体では実験することができません。このことも、グレーゾーンの広さと関係しています。

今日は保護者の方もいらしていますから話題にしておきたいのですが、ガンになると、放射線による治療を受けることがありますね。この治療の後、体がだるくてやる気が出ないという現象が起きることがあるでしょう。あの状態がなぜ発生するかというと、放射線によってバラバラになりかけていたり、あるいは破壊されたりした遺伝子を修復するために、ものすごく大きなエネルギーが人体で使われているからです。そのせいで家事や仕事をする気が起きなくなってしまうのであって、これはあらゆる生物、たとえばネズミだって、被曝すれば同じような症状が起きます。広島の原爆で間接的に被曝した人たちにもこういう症状が起きていて、当時は原因がわからず「ぶらぶら病」などと言われたりもしました。しかし、遺伝子の修復に使われるエネルギーはたいへん大きくて、そのせいで気力が湧かなかったというわけです。

組織論の視点から原発事故を考える

さて、私は先ほど、人災としての原発事故には組織の問題が関わっているのではないか、と言いました。今日はこの観点からも話をしていきたいと思います。

たとえば日本では江戸時代の末期、明治維新によって新しい政府が生まれました。このときの政府には、外国からの侵略にさらされないために、この国を最速で近代国家にする、という明確なゴールがありました。そして、この目的を達成するための「機能体」として日本という組織は動いていたのです。

だから、外国から侵略されないために教育はこういう形にしようとか、国の形をこうしようという合意が成立して、政府や大学、会社が生まれていきました。そして、組織が生まれた目的そのものを達成するための機能を果たすことを再優先にして、組織が動いていったのです。

しかし、組織の中で、やがて構成員が固定化されていきます。たとえば、大学にはあなたが来てください、この会社にはあなたが、政府にはあなたが、というように、それぞれの場所に所属する人が決まっていきますよね。そうなると人間というものは、組織本来の目的とは別に、構成員たち一人一人の幸せを本能的に追求するようになります。

私はこういう状態のことを、組織の「共同体」化と呼んでいます。機能体と共同体について、**図12**にまとめておきました。

共同体化した組織では、目的を果たすために必要なものは何か、という機能を追求しなくなります。そして生まれるのが、一度手に入れた立場に対する安定志向です。お互いに「あなたは最近、

1）組織の共同体化
（我々は選ばれた高等遊民、相互不干渉、官僚化、
権力化、安定志向）
→相互批判を忘れていないか？

2）成功体験への埋没

3）環境への過剰適応
（専門分野の細分化に埋没；個性を対象にした科学に埋没）

図12　組織論1　（共同体化した組織の特徴〔宿命〕）

仕事していないね」などとは言わず、一人一人が自分の専門はこれ、あなたの専門はこれ、お互いに尊敬しあいましょう、というような組織になります。相互批判などしなくなるわけです。

あるいは、私は選ばれた先生だ、などと自分の能力とは関係なしに考えるようにもなりますし、大学では、自分たちは選ばれた高等遊民だなどと言い出します。さらに昔は重要な論文を書いたり、仕事で成功していたというような人たちが、今は何もしていないのに昔話をして生活していたりしますね。これは、過去の成功体験に埋没してしまっているのです。にもかかわらず少しでも自分を批判する人が周りから出ると、過剰に反応してきます。

そして、専門分野も細分化していき、自分の専門のことだけに埋没する、ということも起きてくるでしょう。そうして、細かな研究や調査をみんなが一所懸命にやるという状態になります。今回の地震でも、問題を全体としてどう解決するか考えて

○組織が共同体化すると外部からの介入を
　　　　　　　　　　　極度に嫌う →外部評価

○共同体化すると、
　信長型人間（能力１００％人格０％）が嫌われ、
　光源氏型人間（能力０％人格１００％）が好まれる

チェックポイント

その１　年功人事
その２　情報の内部秘匿（組織の内部を見せない）
その３　総花主義（集中の不能、悪平等、不適材不適所、組織の目的達成能力を損なう）
その４　私の話に関して怒り出す

図13　組織論２（組織の共同体化のチェックポイント）

行動するのではなく、自分の専門分野の細かいことだけをやっている、という人が多いですね。組織というものは、放っておくと必ずこうなるのです。

　このように、安定志向、権力化、官僚化、相互不干渉…といった状況が生まれてくるのが、組織の共同体化です。**図13**に、詳しくまとめました。

　共同体化した組織は、外部からの介入も極端に嫌います。そして、能力が高く人格が低い人間よりも、能力が低くても人格が高い人間を構成員として好むようになります。能力１００％、人格０％である信長型の人間よりも、能力０％、人格１００％の光源氏型のような人間が好まれるのです。

　ある組織が共同体化しているかどうかを、

見極めるポイントがあります。まず、年功人事が行われているかどうか、ということです。これは、先生が年をとったから校長先生になる、といったような考え方で人事が行われているかどうか、ということです。次に、情報の内部秘匿です。組織の内部のことを見せないところは、共同体化している可能性が高いでしょう。三つ目が、総花主義です。組織の人間が大切な役割に集中できないようになっていたり、能力を考慮しない悪平等があったり、不適材不適所の人事が行われて、組織がもともと目指していた目的を果たすための能力を損なってしまっている、という場合があります。

ちなみに、こういう話をすると、私に対して目がつり上がってくる人がときどきいます。そういう人というのは、かなり共同体化していますよね。

組織は80年で崩壊する

私は、組織というものは80年で崩壊するものだと考えています。これは学生の皆さんにはピンと来ない話かもしれませんが、せっかく保護者の方たちもいらしているのですから、こういう話もしておきましょう。**図14**を見てください。

江戸時代の終わり、明治維新のときには、旧来の組織である幕府側のトップは職を失ったり処刑

・１　観察データ１：明治維新、太平洋戦争、現在＝組織の内部崩壊と外圧
・２　観察データ２：世代交代（２世代）が起こす必然（初代、２代目、３代目）
・３　あと 15 年で崩壊する

図 14　組織は 80 年で崩壊

されたり、あるいは自ら命を絶ったりしています。そうして維新直後には、侵略を防ぐことのできる国家の建設という目的を果たすため、薩長土肥という、いわば下層の人たちが東京に集まってきました。

彼らは薩摩弁丸だしだったりするわけですが、日本をリードしようとする意志がありました。一番強い軍隊をつくるにはどうすればいいか、日本を最速で近代国家にするためにはどうすればいいか、と機能的に、はっきりとした目的に向かって最速で動きました。

そして私が考える80年周期の前半の40年で、日本は信じられないくらいの近代国家に、最速で変化することができました。当時、日本がロシアと戦争をしても木っ端微塵にされるだろうと世界中が考えていたのに、あろうことか日本はロシアに勝ってしまったわけです。こういうことが、周期の前半で起きました。

ところが、周期の後半の40年で、日本は崩壊へと向かっていきます。太平洋戦争のとき、日本の軍部は陸軍、海軍、空軍に分かれていましたが、これらがお互いにそっぽを向いて協力しないのです。

また、戦争をする際のリーダーを学歴で選ぶということも行われていました。戦争のプロであるべき軍のリーダーを学歴で選ぶなんて、そんなことをしたら負けるに決まっているでしょう。

そして、敗戦によって完全に組織が滅びました。1945年は、明治80年にあたります。このように、明治維新によって生まれた組織は、成立から80年で崩壊したのです。この組織は、内部から必然的に崩壊しました。

さて、敗戦によって、日本のリーダーは殆ど入れ替わりました。それまでのリーダーたちは、戦争責任者として裁判で処刑されたりしています。このときの上層部の入れ替わりは、アメリカによるものだとも言えるでしょう。そして、ゼロから日本の復興が始まります。その後に起きたのが、皆さんも知っているように、戦後の大復興、大躍進です。日本のGDPが最高になり国家の収入が二四〇兆円にまで上昇し、エズラ・フォーゲルが「ジャパンアズNO 1」と告げたのが、1980年です。

1945年から80年後というと、2025年です。今は65年目ですね。考えてみてごらんなさい、いま、日本の政治では政党がバラバラになっているでしょう。政党というのは、国民を一緒に連れていく理念を、綱領という形で表します。そういう綱領というものは、そう簡単に作れるものではないのですよ。だから、アメリカは共和党と民主党の二大政党で動いているでしょう。これは、世界的にそういうものなのです。ところが日本では、次から次へと聞いたこともない名前の政党が出てきますよね。彼らは、近代国家の政治とは何かを知りません。政党政治とは何なのかを知らない、ただの派閥なのです。政治家たちは、政党と呼べるような実体のない派閥争いを展開しています。

これがいまの日本の現状です。政党だけでなく、高校も、大学も、みんな崩壊しているでしょう。テレビ番組も視聴率至上主義に陥り、体系知識の不要な下品なエログロナンセンスのお笑いや、食べておいしそうだというだけのグルメといった、ただ人間が感じる最も低次元の五感に訴える番組の濫発が起きています。これは、組織が内側から崩壊してゆくときの典型的な症状です。

復興のために必要な組織とは

現在の日本は、地震による大津波で東北地方が未曾有の被害を受け、さらに福島原発での事故まで発生した、という状態です。堺屋太一氏はこの状況を「第三の敗戦」だと表現しています。これまでの二回の敗戦、そして今回の敗戦があり、日本は再生する、だからもっと前を見よう、というのです。

彼は非常に楽観的ですが、私はそれは違う、と思っています。なぜなら、組織のトップが変わらないからです。最初の敗戦、つまり江戸時代が終わりを迎えたとき、二回目の敗戦である太平洋戦争の終結時、どちらもトップがすべて入れ替わりました。だからこそ復興が可能だったのです。

今回の震災で、日本のトップ、あるいはこの国をリードする人たちの集団のトップは、ごっそりと入れ替わりましたか。全然、変わっていないでしょう。だから今回、日本の先行きは暗いだろうと、私は考えています。

では、どのように日本を復興させていくのかというと、私にも案がないわけではありません。時間の関係もありますから短い説明にしておきますが、**図15**を見てください。

過去の敗戦後、日本は大きく躍進してきました。この躍進時に何が起きていたかを考えてみましょう。当時の日本では、政治、官僚、科学、民間、軍隊のすべてが、共通の国家コンセプトを共有し、その建設のために機能体として動いたのです。しかし、どちらも組織の本能によって共同体化し、崩壊を迎えました。

現代の日本も、機能体としての組織に立ち戻らなくてはなりません。たとえばアメリカの大学では、その大学の出身者を教員として採用することはないのです。それを認めてしまうと、もともとの指導教官が自分の使いやすい学生だった人間を取り立ててしまうかもしれません。そうやって構成員の利害で人事が動いて組織が共同体化してしまったら、研究の質はどうなるのでしょう。これを防いできたから、アメリカの大学は高い研究実績を挙げ続けてきました。日本の東京大学も、ただちに同大学の出身者の採用を取りやめるべきでしょう。

- ・1　明治の躍進（政治家、官僚、科学者＝大学、マスメディア、民間、軍隊、全部が共通の国家コンセプトを共有）→坂の上の雲状態
- ・2　昭和初期の崩壊（全組織がバラバラ；例：軍隊）
- ・3　戦後の躍進（同上）:1985 年：日本の黄金時代（Japan as No.1）
- ・4　現在：そして崩壊？（党益、省益、学会益、共通の国家コンセプトの崩壊）
- ・5　組織の本能が原因

図 15　日本は何故繁栄し、没落し、復興したのか

- ・1　アメリカなどの例（大学）：東大は同大出身者を採用するな！
- ・2　国家は真のシンクタンク（実力中心主義人事）を創る必要
- ・3　現在の国難をどう克服するか？（既存の組織を壊せ：復興院＝既存の利益集合体は崩壊の予兆）

図 16　ではどうするか？

いま、日本という国家も、実力中心主義に基づいた真のシンクタンクを創設するべきです。既存の権益集合体である政府や大学、マスコミといった様々な組織には、すでに崩壊の予兆が見られます。既存の組織を壊し、実力中心主義の考えで構成された復興院を創り上げなくてはなりません。

原発事故の対策費が国家予算を圧迫する

それでは、話を原発での事故そのものに戻しましょう。現時点での対策の問題点について考えていきたいと思います。

現在の対策は、とにかく水をかけ続ける、ということですね。しかし、高温の物体に水をかけ続けるということは、どういう結果をもたらしますか。熱せられた水は蒸発して、水蒸気となります。その水蒸気には放射性物質が含まれているわけですから、いまの対策は大気中に放射性物質をどんどん出しましょう、ということをずっとやっているということになりますね。さらに一方では、蒸発しなかった水が地中に染み込んで地下水に流れ込み、地下を通って太平洋に放射性物質を垂れ流しています。

地下に流れていってしまったものにどれくらい放射性物質が含まれていたのか、それはもう測ってもわかりません。浜辺のところの数値は測れるでしょうが、地下水というのはとても深い場所から海に漏れ出ていきますからね。現在の対策には、確信犯的なところがあります。

また、冷却に使って汚染された大量の水は、タンクなどに貯蔵されたままになっています。この汚染水は、時間が経過するにつれてどんどん増えていきますね。いま、この汚染水を浄化してからでないと海に流してはいけない、という国際的な圧力が強まってきました。以前、こっそりと汚染水を排出して世界中からバッシングを受けたことがありましたから、密かに流してしまう、ということはもうできないでしょう。

こういう状態のところに、フランスのアルバ社が近づいてきました。さすがはフランス人で、まもなくG８の国際会議がフランスで開催されるという、その直前のタイミングで菅直人首相に接近してきたのです。汚染水の処理を引き受けようという提案だったのですが、その価格は法外なものでした。しかし、日本はこれを受け入れて処理を依頼しました。国際会議直前というタイミングもあったのでしょう。

この汚染水の処理を、現段階では30年間くらいかけてやろうとしています。もし、今のペースでお金を支払い続けたら、累積金額は日本の年間の国家予算である35兆円を超えてしまいます。明らかに国家の財政を圧迫する金額です。こんなことを続けていたら、この国は崩壊してしまいます。

図17を見てください。

この金額を見れば、お金がかかりすぎているということがわかりますね。それではどうすればい

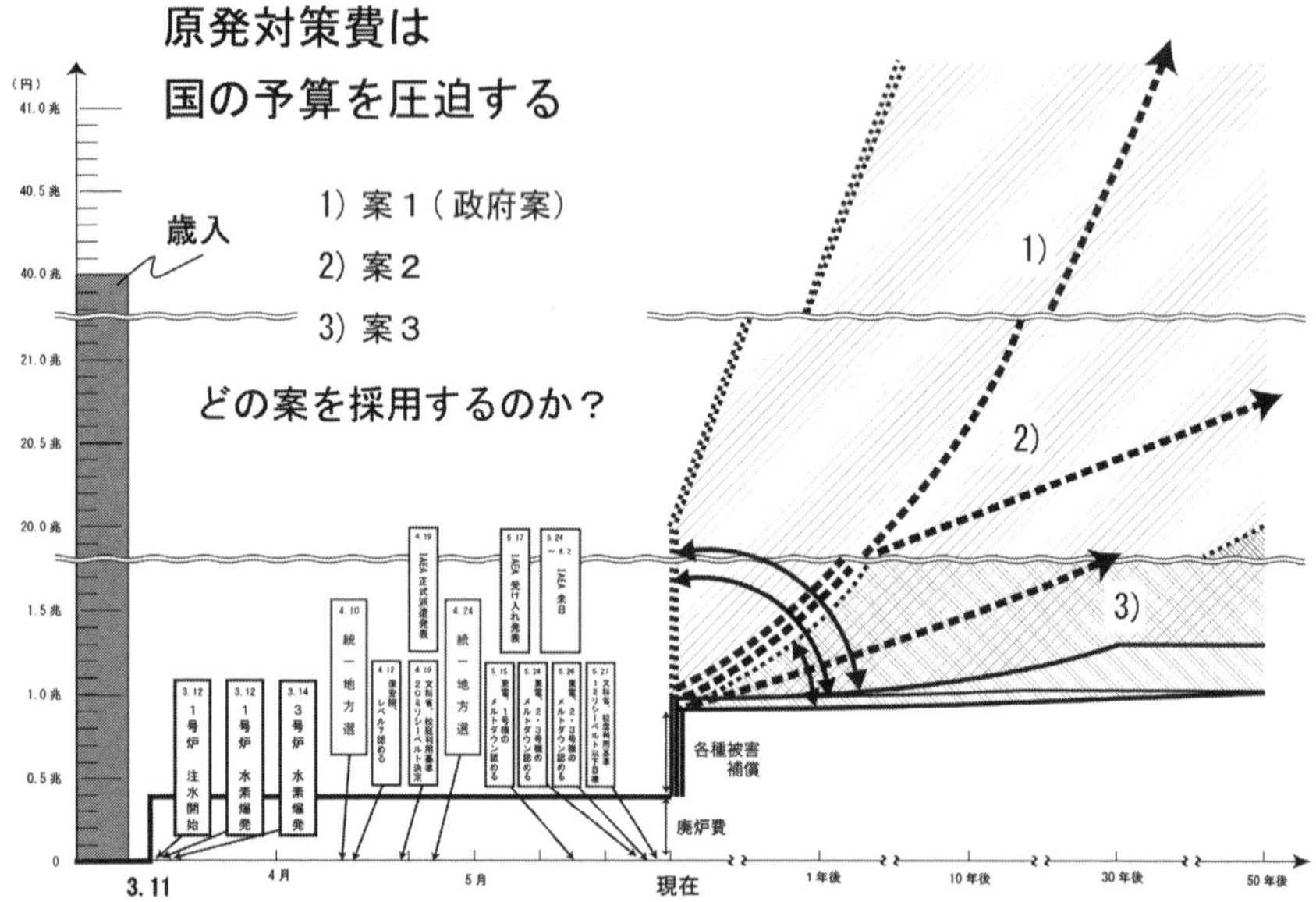

図17　政府の原発対策案は国の予算を圧迫する

- 1　原発廃炉予算（除染、高レベル廃棄物）＝4000億円ー20兆円以上
- 2　補償費（農業・牧畜・林業・漁業、家屋・不動産・移転、会社7000社、外国への補償？＝4000−5000億円/年）
- 3　維持計測管理費＝20−110億円/年

図18　原発対策費用の積算根拠

いのか、ということを話す前に、少し回り道をしたいと思います。

日本は本来、原発をつくってはいけなかった

そもそも外国から見たら、日本というところは原発を造ってはいけない地域なのです。原発にとって一番の問題になるのが、地震と雨です。これはなぜかと言えば、雨、つまり水は何でも溶かしこんでしまうからです。事故のときに雨が降ってしまったら、放射性物質をいくらでもその中に溶かしこんで流れ出し、全世界へと放射性物質を広げてしまいます。こうした事態を防ぐため、アメリカやフランスでは、ほとんど雨の降らない地域に原発を建造しています。地震が危険だということは、言うまでもないでしょう。

世界的に見ると、原発の建てられた場所というのは、地震が起きないような地域です。フランスなんて、地震がほとんど起きませんからね。それは、ドイツもイギリスも同じです。

図19は、地震の発生している地域をまとめたものです。

ほら、日本は震源の真っただ中にあるでしょう。震源を表す黒い点が集まっていますが、その点が集まっている帯の中に、日本という国全体が入っていますよね。

こういうところには、原発を造ってはいけないのです。アメリカだって、西部には原発を造りま

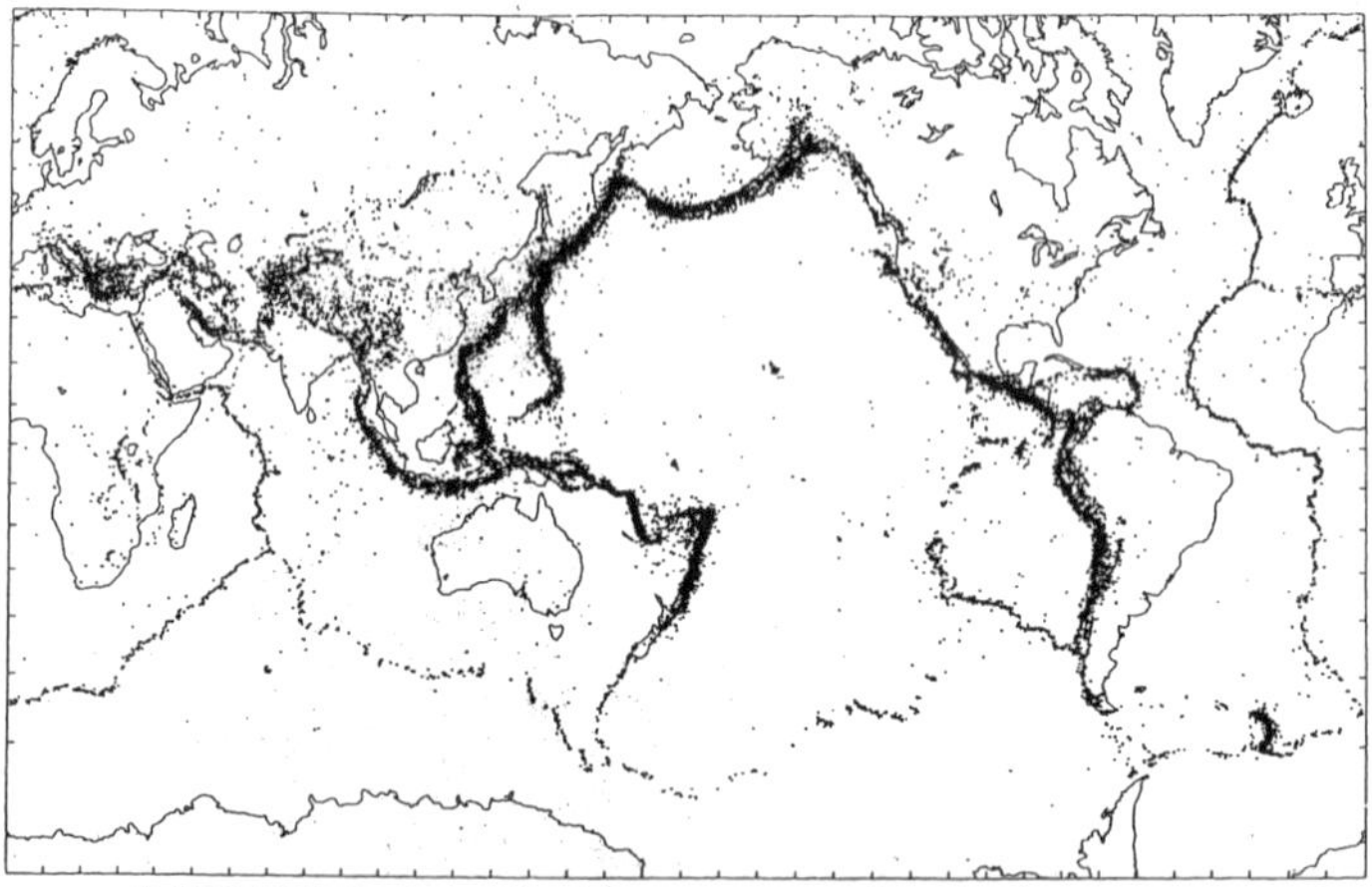

ISC（国際地震学データセンター）の 1966 ～ 1983 年のデータにもとづき，マグニチュード 4.0 以上，深さ 100km 以浅の約 6 万個の震源が画かれている．大陸内（特に中国）や大洋底内（たとえばハワイ）など例外はあるが，ほぼプレートの境界に沿って集中している．（吉井、1987，私信による）

図 19　浅い震源の地域分布図

地震の世界分布図。日本列島はほとんど全域が地震の巣となっている。しかも、アジアモンスーン地帯の一部なので降雨(雪)が多い。原発の２大大敵である地震と雨の国が日本なのである。

せん。造る場合は、大陸のど真ん中に造ります。オーストラリアも、インドもそうです。中国だって、日本よりはるかに地震の回数が少ないでしょう。もし、日本がこういう土地であるにもかかわらず原発を造ろうとするのであれば、外国の原発以上の安全システムが必要になります。

日本は、雨と地震が多いという原発にとって悪条件の土地であったのに、これまで建設を進めてきました。そして、原発にとっての問題点はこれだけではありません。資源の枯渇ということも、今後の原発のあり方を考える際に重要な問題点です。枯渇というと化石燃料である石油や石炭のことだけを思いがちですが、原発で使う酸化ウランだって限りのある資源です。あと80年で、私たちは地球上の酸化ウランを全部使いきってしまうかもしれません。ということは、今世紀中に地球上から原発はなくなってしまうということです。

もちろん、今すぐ日本ですべての原発を停止できるかというと、そうはいかないだろうと私も思います。しかし、ここまでお話ししてきたことを考えると、私たちは今世紀中に原発が地球上からなくなるということを想定し、それに備えた技術開発をしていかなければなりません。新エネルギーに関する技術はもちろんのこと、原発の廃炉のための技術も必要になります。

今回の福島第一原発での事故は、悲劇です。こうしたことが繰り返されてはなりません。一方で、この事故の終息のために新たな技術を開発し、それが今後の日本を代表する輸出産業になるという方向へと向かわなければならないと私は考えています。

かつて日本では、水俣病やイタイイタイ病といった公害が発生しました。そしていま、中国や、工業が盛んになってきている新興国で、似たような事態が起きています。そういう場合、日本の組織が現地へ行き、その環境をきれいにするための作業を請け負っているのですが、これは外国への輸出産業の一つになっています。

もちろん、原発事故は公害よりも深刻な事態です。しかし、いま対策のための技術を発展させれば、日本を代表するような新たな産業が生まれるかもしれない、という可能性も私たちは考えておくべきでしょう。

当面とるべき対策とは何か

それでは、この事故に対して具体的にどのような対策を講じていくのか、技術的な面も含めてお話ししていきたいと思います。

最近、原子力の専門家が事故の対策に関わってきています。しかし問題なのは、すでにそういった専門家が何の役にも立たない事態になっているということです。むしろ、これからは地質学に基づいた観点が必要になってきます。

それでは、原発事故の現状について、詳しく説明していきます。**図20**を見てください。

圧力容器と、その周りの格納容器というのは、たとえて言うなら二重の鉄の釜のようなものです。この炉の中から水がなくなって核燃料が空焚きになってしまうと、すぐに燃料の温度が上昇し、2800℃に達します。鉄の融点は1500℃ですから、そこに2800℃のものがあれば鉄は溶けて、底が抜けてしまいますね。一つ目の床が抜け、そこから燃料が落ちてくると、やがて二つ目の床も抜けてしまいます。そして、燃料は厚さ14mのコンクリートの床の上へと落ちてきます。コンクリートの融点は700℃ですから、燃料が落下してくれば溶けてしまい、燃料は下へ下

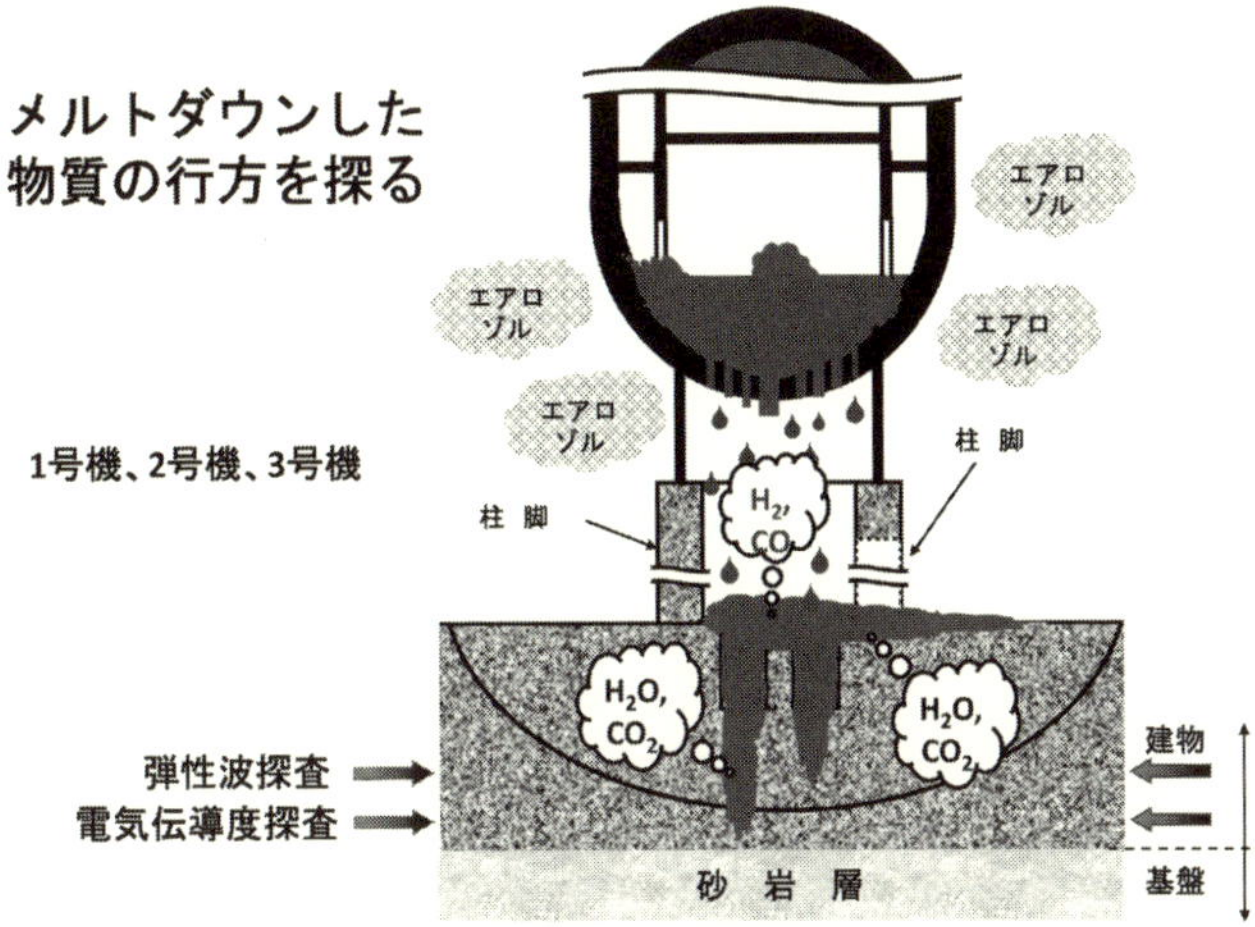

図20　メルトダウンした物質の行方を探る（原子炉断面図）

メルトダウンし、二重の鉄の窯から漏れた放射性同位体物質がコンクリート基盤に達した可能性が大きい。上部から窯の内部に海水を注入し、冷却し続けた1年後(2012年3月26日)に2号格納容器(読売新聞)の内部を調べると、予想水位が4mと推定していたが60cmしかなかったという。これは、1年以上にわたり、注入し続けた海水が窯のそとに放射性物質とともに漏れ続け、建屋の基盤の半固結砂岩層の中を通り、海底へと地下水脈を通じて流れ続け、海洋を汚染し続けたことを暗示している。

へと落ちていくでしょう。

ここで問題となるのが、燃料は一体どこまで落下しているのか、ということです。圧力容器の中に収まっているのか、格納容器の中にまだあるのか、それとも厚さ14mのコンクリートにまで達しているのか。あるいは、コンクリートの壁すら突破して、その下にある、砂場の砂が少し固まったような場所のところにまで落ちているのかもしれません。

これを確かめるために、すぐにでも弾性波検査や電気伝導度調査を行うべきでしょう。現状を正確に把握することが何よりも大切だからです。弾性波探査とはどういうものかというと、コンクリートの建物の端から端へ、ごく小さな人工の地震を起こすわけです。人工地震といっても、ぽんぽんと手で叩くくらいの振動ですね。そうすると、間に溶けたものがあれば検知できます。電気伝導度調査も、同じように建物の端から端へと電気を流すものです。そして、電気がどう通っているかを確かめれば、間に何があるのかが電気的にわかります。

私は科学者の社会責任の一つとしてこの検査をやれ、と声を上げています。国会議員の中で議員立法の動きがありますが、そこに関わる人たちにもこうした検査の必要性を理解してもらいました。しかし、東京電力の人たちも、原子力安全委員会の人たちも、まったくこういう発言をしません。私には、それが不思議で仕方ありません。検査で確かめれば、政府や東京電力の言うように、まだ燃料は格納容器の中にとどまっている、とわかるかもしれないのです。そうやってきちんと説明すれば、国民も安心するでしょう。

もちろん、私は燃料がもっと下に落ちていると思いますよ。そして、燃料がいまどこにあるかということも計算してみました。

2800℃という高温に達した燃料は、先ほどお話ししたように格納容器を突き抜け、コンクリートの上に落下します。そして、燃料の周りは、マグマのような状態になるでしょう。そこにあるのは、もともと燃料であった酸化ウランのマグマと、コンクリートのマグマです。これら二つのマグマが同じ場所にあったとき、どのような状態になるでしょうか。

まず、酸化ウランの密度を仮に10とすると、コンクリートの密度はせいぜい2か3といったところです。重いものは下に落ちていきますね。その後どうなるかということは、コンピューターによって計算することができます。

もともと直径３ｍ程度の大きさの酸化ウランの玉が、コンクリートの中を下へ下へと落ちていったとしましょう。するとコンクリートと化学変化を起こし、膨張していきます。そして、およそ２００日で直径10ｍくらいの巨大なマグマの塊に変化します。このくらい膨らんだら、最初は10だった密度も、どんどん低くなっていきますよ。そうすると、なかなか下には落ちていかなくなります。

「チャイナシンドローム」という言葉がありますね。メルトダウンした核燃料が地面の中をどこまでも下へ下へと落ちていき、アメリカから地球の反対側の中国にまで突き抜けてしまう、という想像の話です。しかし、いま話したように密度は低くなっているわけですから、地球を突き抜けるなどということはありません。せいぜい、深さ10ｍか20ｍに達したところで、落下は止まるでしょう。

ただ、マグマがコンクリートの厚さ14ｍを突き破り、その下の砂の部分に達してしまった場合、問題は大きくなります。なぜかというと、コンクリートの下にまで燃料が達している場合、建屋に降った雨はそのまま燃料のあたりを通り抜けて海に流れ出ることになるからです。雨が汚染された地下水となり、海を汚してしまいます。

そこで私が提案しているのが、建屋周辺に深さ40mの溝を作り、そこに厚さ1mでいいのでコンクリートの壁を埋め込んで、原発の周りを取り囲んでしまいなさい、ということです。こうすることで、外部から地下を通って染み込んでくる水を遮断します。そして建屋全体に屋根をかけて、上からも雨が降りこまないようにしてやればいいでしょう。

開放系の考え方に基づいた対策を！

政府や東電の行っている対策では、現在でも建屋に水をかけ続けるということばかりしています。しかし、もし原子炉や格納容器に穴が空いていなかったとしても、亀裂が入っていて水や放射性物質が漏れ出していることは、ずっと以前からわかっていました。ですから、水をかけるのはもうやめなくてはなりません。

しかし、ただ水をかけるのをやめたら、温度が上がってしまいます。何かしらの方法で、温度は下げ続けなくてはなりません。そこで私たちは、**図21**のような方法を提唱しています。

まず建屋の中に、充填物を詰め込んでしまいます。この充填物には炭や、女性の化粧品にも使わ

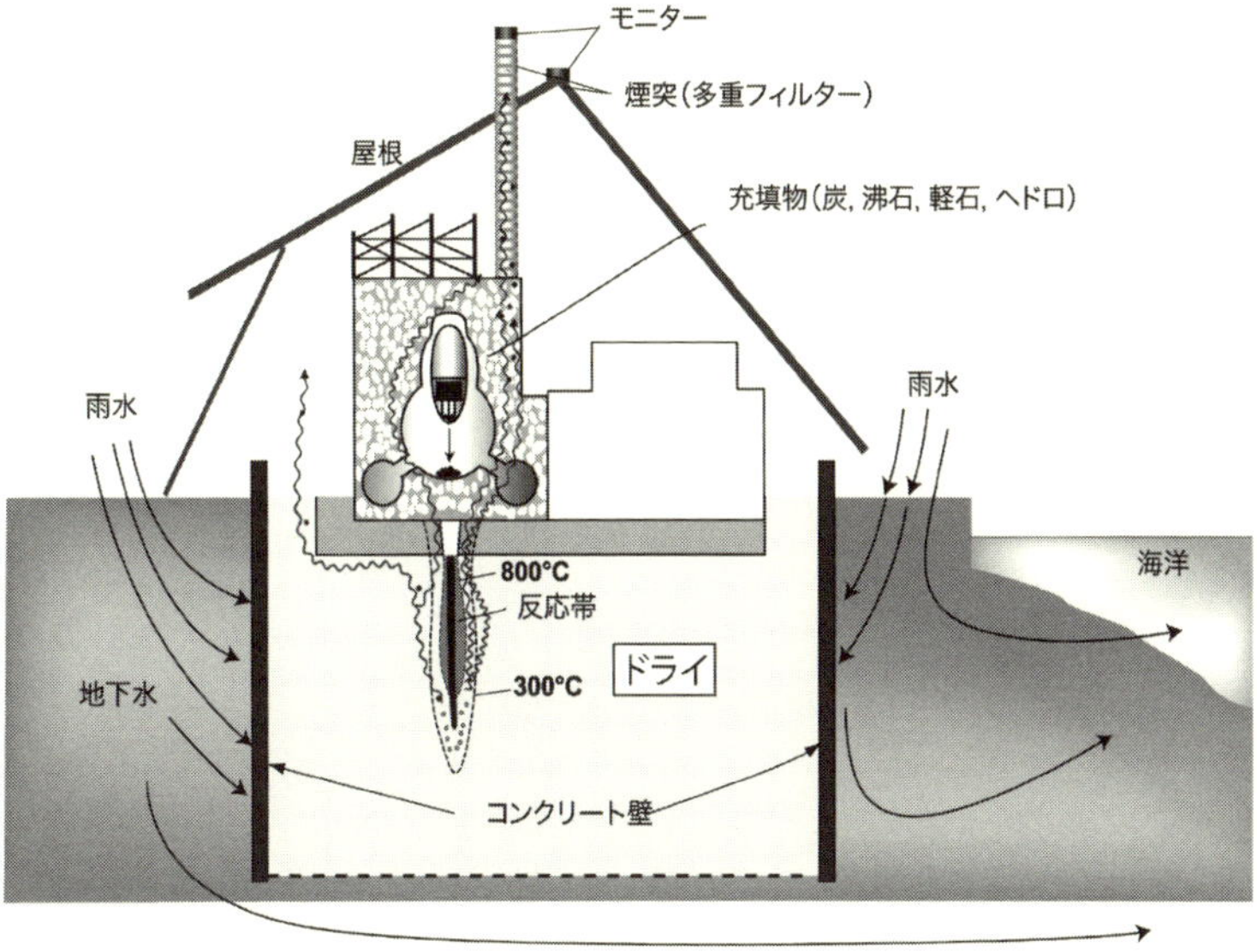

図21　冷温密封一部開放型システム

建屋の設計試案。放射性同位体物質が地下水脈を通して太平洋へ流れでることを防ぐ工夫。建屋の周囲を1m程度のコンクリート壁で包囲して漏れた放射性同位体物質が地下水脈を通じて海洋へ流失することを防ぐ。

れている沸石、軽石、ヘドロといったものが含まれています。これらの物質は、放射性物質を吸着させることができるのです。また、こういったものを周りにつめておくと、もし温度が上がっても、ヘドロや泥が変成作用を起こして別の鉱物へと変化していきます。

ただし、このときに水が出てきますから、その水蒸気を外へ出してやらなくてはなりません。だから建屋に煙突を作りますが、充填物で吸着させきれなかった最後の残りかすのような放射性物質が水蒸気の中に含まれていますから、煙突の中にもフィルターをつける必要があるでしょう。そして、このフィルターには自動モニターをつけておき、定期的にフィルターの入れ替えをすればいいのです。

また、水素爆発を防ぐ必要もありますね。水素爆発が起きるのは、酸素のある場所でだけです。ですから、建屋の中に酸素のない環境を作らなくてはいけません。そのために充填物にはヘドロが入ることになり、これが酸素を吸収してくれます。

燃料が溶融している内側の部分には、マグマ化した状態のところに、モナズ石やジルコンを加えます。なぜならこれらの物質は、結晶の中に酸化ウランを閉じ込めてくれるからです。

ちなみに、放射性廃棄物の閉じ込めには、ガラス化が主流ですが、ガラスというものは根本的に液体なのです。え、固体でしょう、と思うかもしれませんが、ガラスの結晶構造は水と同じようにバラバラになっています。だから、きれいな窓であっても、時間が経てば下にガラスがたまってゆがむのですよ。高さ5mの一枚のガラス板は、ミクロのレベルで見たら下の部分がどんどん太ってきます。それに、もし水をかければ、その中にガラスが溶け込んでしまいます。漏れてしまう、ということですね。

これに対して、粘土は、鉱物による閉じ込めはもっと頑丈で、安全です。さらに、その一番外側を粘土で巻きます。粘土は、いろいろなものを吸収してくれますからね。どういう粘土がいいかということについては、素材の研究が今後も必要でしょう。

さて、この計画で重要なのが、煙突によって隙間を作っている、という点です。もし隙間がなければ、水蒸気爆発が起こってしまうでしょう。一方で、放射性物質をきちんと充填物とフィルターに吸着させ、大気中に漏れないようにしなくてはなりません。こういうことを考えるのが、科学者の役目です。いったいどういう物質を、どのくらいの比率でまぜれば一番よく吸着させることができるのでしょうか。煙突につけるフィルターにしても、もっとも効率よく放射性物質を吸着させるような素材の開発を行う研究センターを作る必要があります。

私の案は、初期投資に数百億円が必要となりますが、あとはほとんどお金がかかりません。その点も、汚染水を処理し続ける対策案とは違います。なおかつ、この技術を確立させれば、将来的に日本の輸出産業とすることができます。

世界には、相当な数の原子力発電所が存在します。これらをすべて、今世紀中に廃炉にしなくてはなりません。その廃炉のためのテクノロジーは、日本人が提供するべきです。福島第一原発をこの研究に使いましょう、というのが私の案なのです。

現在の対策案を比較検討すると

さて、ここまでの話の振り返りにもなりますが、現在のところ政府や科学者が考えている対策案を、三つにまとめて比較してみましょう。

　一つ目は、政府案でもある、水をかけ続ける案ですが、この案は、最後の最後で何をするのか、という点が漠然としています。場合によっては何十年も水をかけ続けて冷やしていき、崩壊熱も何もない状態になったら燃料を取り出す、ということになるのでしょう。

　極端に言ってしまえば、最後には燃料をつかみ出して、青森県の六ヶ所村に持っていき、キャスクという形にして埋める、ということですね。おそらく、これが政府が考えているプランです。この案の問題点は、最後にだれが原子炉の中に降りていき、どうやって燃料をつかんで持ち出すのか、ということがはっきりしないということでしょう。この案は実際には不可能なことですから、さっさと無理だと決断してしまえばいいのです。

　二つ目の案が、水でないもので冷やす、というものです。ヘリウムという非常に冷たいガスを使おうという考え方ですね。ガスの温度を下げれば、液体になります。建屋の中にパイプを通し、その中に液体のヘリウムを流して冷やそう、というのです。そして、温められてガスになって外へ出てきたヘリウムを冷却し、液体にしてもう一度パイプに流します。しかし、この案でも燃料を冷やしきるまでには30年くらいかかるでしょう。そして30年後にどうするのかというと、この案でも結局、燃料を取り出して六ヶ所村に持っていくということは難しいわけです。

　そこで三つ目の考え方が、先ほど話した私の案です。最後に燃料を取り出すのが難しいなら、その場でつぶしてしまえばいいのです。つまり、原発をその場で石棺化してしまいます。建屋の地下を囲む壁をどのくらいの深さにすれば放射性物質が外部に流れ出ないのか、いま核燃料はどこまで落下しているのか、そしてこれからどういう状態になっていくのか、ということをしっかりと把握し、計算して実施します。私の案が一番、安上がりですよ。

世界中の原発は、今世紀中に廃炉にしなくてはならないでしょう。そのとき、原発をどのように解体し、最後にどこに埋めるのか、ということが世界中で問題になってきます。この廃炉の方法を研究し尽くして、実施できる案を作る、というのが私の考えです。

現在、高レベルの放射性廃棄物の処分方法としては、地層処分、海溝処分、そして原発のあるその場で処分してしまう石棺処分、といった方法があります。地層処分が現在の主流で、海溝処分は様々な問題点から消滅してきています。しかし私が思うに、廃棄物は原発のある各地域で処分してしまうのが最もよいでしょう。

いま、世界中でキャスク化された廃棄物が一方的に増えています。キャスクというのは、放射性廃棄物を直径1m、高さ2mのガラスの筒に閉じ込めたものです。日本も、これを青森などに何か所かある最終処分場の候補地まで持っていって、地下3kmの深さまで掘った穴に入れて地球に閉じ込め、その上から土をかけて知らん顔をしていよう、と考えています。しかし、キャスクを処分場まで運ぶことだって大変です。運ぶ人たちは放射性物質が漏れないように、そして誰にも見つからないように、隠しながら運びます。それに、誰だって自分の村にそういうものを置いておきたくはないでしょう。あなたの村の地下にこういうものを置きますよ、と言って、誰が賛成するのですか。これは、いずれ地球上のどこかの国に、全部引き受けようと言ってもらうしかないかもしれません。原発から出る廃棄物というのは、そういう高度な政治的問題も抱えています。

こうやってたまっていくキャスクというのは、私に言わせれば被災を待っているようなものです。こういう危険なものが、毎年、世界中で増えていっています。とりわけ日本は、さっきも話したように雨と地震、津波が多い危険地帯です。ですから、きちんとその場で処分できる方法を研究すべきでしょう。

原発の処分方法をどう決定するか、ということについては、もはや誰かが歴史的な決断をして、こうしようと言い出すしかありません。そして日本こそ、この問題を研究して世界に提言できる研究所を創設するべきなのです。ここまで話してきた結晶化の技術、その場での石棺化の技術を完成させ、処理技術を日本の強みにすればいいのです。

そして最後の最後に放射性廃棄物をどこに投棄するかということについて、私の意見を話しておきましょう。

「南極に行く」、これが私のアイディアです。南極大陸は、いま現在、どこの国にも属していません。その中心部に廃棄物を持っていき、地下の深部に穴をあけて閉じ込めるのです。南極には、地震がありません。厚い氷雪の下であれば、水による漏れ出しという問題もクリアできるでしょう。技術と予算は、先進国が提供します。そして国際共同施設として、国連が維持管理します。この考えを、日本が提案すればいいのです。

ロシアの中のシベリア、アルダン地方も候補地として適しているでしょう。政治的な交渉次第では合意ができるはずですから、北方四島問題と絡めた政策として考えていくべきだと思います。

新エネルギーをどう考えるか

さて、いまある原発をどう処分するかという問題と同時に、原子力に代わる新エネルギーをどうするかということも考えなくてはいけません。政府は「一千万個のソーラーパネルによる太陽光発電の推進」という案を提唱していますね。

しかし、ひとつのソーラーパネルを作るためにどれだけの化石燃料を焚いているのか、という現実について私たちはよく考えておかなくてはいけません。大量の化石燃料によって作られたパネルは、10年～20年で寿命がきて使えなくなってしまいます。だから、いまの段階ではソーラーパネルは採算が合わないのです。

日本は世界に先駆けてソーラーパネルの事業を進めてきましたが、なかなか元がとれませんでした。消費者が買うにしても、サイズによるとはいえ１００万円を政府が税金から援助しなければ買えないようなものですし、買った人だって、発電では全然元がとれないというのがこれまでの現状です。

新エネルギーの問題の解決には、根本的に新しい思想と、応用科学・基礎科学への投資が必要なのです。それでは、具体的にはどのようにすればいいかということになりますね。今回は先に答えを言ってしまいましょう。

いまの生態系は、1％の太陽エネルギーを使って植物が光合成を行い、そうやってできたエネルギーを動物が食べ、その頂点に人間がいる、という構造になっています。だから、もう1％ぶんの太陽エネルギーを、私たちのために使わせてもらえばよいのです。

太陽エネルギーの有効利用の方法としては、太陽光レーザーなどが挙げられるでしょう。太陽光をレーザーに変える技術ですが、このとき温度は2万℃にも達します。この太陽エネルギーだけで水を電気分解させて、水素と酸素に分かれさせることが可能です。これなら、水素自動車が使えるようになるでしょう。この他にも、太陽光レーザーによってマグネシウムや水素による発電が利用できます。重要なのは、太陽エネルギーであれば、エネルギーを持続させていくことができる、ということですね。

太陽エネルギーで藻類を生産する、という方法もあります。この藻類によって、人工的に石油を作ることができます。だから藻類がいくらでも作れるなら、人工の石油もいくらだって作れる、ということになります。こういう藻類を一所懸命に培養している施設が筑波大学の中にもあり、そこでは毎年何トンもの石油を生産しています。これは夢物語ではないのです。植物や動物は必ず油を作るでしょう。昔から人間は菜種油やコーン油を利用してきました。君たちだって、ちょっと体が太ってきたら、メタボだの何だのと言いますよね。脂肪をしぼったら、車が走るかもしれませんよ。それはさておき、藻類を使って人工石油の生産所を作りましょう、そこに太陽エネルギーを使いましょう、という二つの点が大切なところです。

さて、今回の震災に関する話はここまでにしましょう。次は、皆さんからの質問を受け付けたいと思います。

体系的に語る教授、真剣に聞き、メモをとる生徒

第2章　白熱！止まらない質疑応答

●人間とほかの生物では、被曝の影響に違いがあるのか？

大場（高校三年）　本日は、お話ありがとうございました。東日本大震災が発生してから、ヨハネ研究の森コースでも本や映像を通して地震・津波や原子力発電所のことを調べてきました。

私たちがチェルノブイリ原発での事故について調べているとき、周辺の動物たちの中に、頭が二つあったり目が三つあるような動物が生まれてきた、という話が出てきました。それに、いまでもあの近辺ではツバメの尾の長さが違っていたり、奇形が生まれる動物がいたり、ということがあるようです。

震災に関するお話とは別に、丸山先生は放射線の影響によって進化がうながされたり、新種が誕生したりする場合がある、と述べていらっしゃいますよね。一方で、報道などでは、被曝によってガンになることの方が強調されているようです。

人間の被曝と動物の被曝では、何か違うのだろうかと疑問に思っているのですが、いかがでしょうか。

丸山　人間も動物も、突然変異で生じるのは、ほとんどの場合が劣勢の性質です。たとえば一万回の突然変異が起きたとしたら、そのほとんどは劣勢の性質が出てくるでしょう。だから、そういう個体は生きていくことができないのですね。

しかし、一万回に一回よりもずっと低い確率で、ときどき宝くじが当たるようなことが起きるのです。つまり、生存に有利な性質が出てくる場合がごくまれにあるわけですよ。人間の進化について触れておくなら、チンパンジーからヒトへの変化では、脳の容積が大きくなっていますよね。それもやはり、脳に異常をきたした際に、脳が大きくなるという方向へと向かう遺伝子の発現だったために、その後の生存に有利に働いたわけです。

生存のために有利な性質が現れる確率は、どの動物でも植物でも、人間でも同じです。チェルノブイリの周辺で起きていることも、同じですね。チェルノブイリはいま、遺伝子生物学の研究の宝庫になっています。

大場　ありがとうございました。

●組織を動かすには何が必要なのか？

今井（高校二年）　お話ありがとうございます。二つ、お聞きしたいことがあります。

　まず、最初の質問です。最近、ヨハネ研究の森の生徒十数名で、東日本大震災に関する様々な問題について検討しています。その中で僕たちは、太陽光発電の是非であるとか、原子力発電をなくすメリット・デメリットなどについて、経済や食糧問題と絡めながら話し合っています。

　僕はこういった検討を重ねる中で、研究活動を組織としてうまく行っていくにはどうすればいいか、ということを考えるようになりました。丸山先生はご著書で、研究の前提を作るために「エネルギーのレベルが高い研究者を仲間にする」ことが必要だ、とおっしゃっています。また、以前のお話でも、学際的な研究をするグループが必要であると述べておられました。何より、実際に日本進化学会や全地球史解読プロジェクトを実施されるなど、丸山先生は具体的な行動を起こされています。

　丸山先生は、どうやって組織を構築してこられたのでしょうか。また、そういった組織では、何が求められるのでしょうか。これが一つ目の質問です。

丸山　私は、皆さんがずいぶん深いことを考えているのに驚いていますし、君たちの実行力にも感心しています。

まず、科学というものには、「通常科学」と「革命科学」があります。通常科学は、これまでに確立された原理や研究テーマを繰り返すものです。たとえば生物学の研究なら、これまでみんながイモムシの研究をしてきた中で、手法は基本的に変えないままに研究対象をチョウにするとか、クモにする、というように同じようなことを繰り返します。学問というものは、どの分野でもほとんどそういうやり方で進められていますね。学問の分野は日本だけで600、世界で見れば2000ほどありますが、ほとんどこの通常科学の方法で研究が進められています。

革命科学に取り組もうとする人には、勇気が必要です。自分の前に、道はありません。自分の通った後に、道ができていきます。このような科学を始めようと思ったら大変で、相当に革新的な力が必要です。

このとき、特に大切なのが勇気です。誰にも考えられてこなかったような新しいことを言うわけですから、それをぶつけられた学者たちは敵になって、考えを改めろと迫ってきます。そこでつぶれてしまわないだけの勇気が、革命科学に取り組む人には必要です。ですから、かなり強い個性が要るでしょう。

そして、もう一つ必要な条件があります。革命科学に一人で取り組むことには、どうしても限界があるのです。それでは、同じように革新的な力を持った五人で革命科学に取り組んだら、どうなるでしょうか。単純に、成果が五倍になると思いますか。とんでもない、五百倍とか、五万倍とか、それくらいのことができるようになりますよ。だから、私たちは組織を作るのです。

いま君が質問したのは、どうやったら組織を作ることができるか、ということですよね。では、少し一般的な話をしましょう。

科学者だけではなくて、組織を作る、ということは様々な分野で行われています。たとえば織田信長が全国統一しようとしたとき、小さな組織を大きな組織へと発展させていきました。明治維新後の日本だって、やはりそういう過程を経ています。

このとき組織を強くしていくのが、リーダーです。それは、会社の経営でも同じでしょう。そして私の考えでは、リーダーには五つの能力が必要です。

一番目の能力が、人間的な魅力です。どういう人が魅力のある人間か、皆さんはわかりますか。こういうときは、逆のことを考えてみればいいのですよ。その人のそばにいるだけで自分が不快になってしまう、というような人がいるでしょう。そういう人が存在するのと同じような確率で、そばにいるだけで自分が幸福になる、という人がいます。それは、人間的なある種の魅力なのです。

実は、そういう魅力とは総合的なものなので、一言では説明しづらいのですけれどもね。簡単に言ってしまえば人間的な魅力、ということになります。

二番目の力が、利益誘導力です。人間というのは、利益の分配が自分以外に偏っていると思ったら、協力してくれなくなりますよ。たとえば、君と私が一緒に仕事をすることになった、と考えてみましょう。そのとき、第三者から見て利益の分配が私に偏っていたら、君は私に協力してくれないでしょう。たとえば私が全体の利益の90％、君が10％を得るとなったら、君は私に協力してくれないと思いますね。そのような状態で、もし別の人が君に仕事をもちかけてきたら、君はその別の仕事を優先してしまいますよ。

ですが、利益が五分五分だったらいいか、となると、これがまた難しいところなのです。人間なんて欲深いものですからね。第三者から見て五分五分でも、私から見たら四分六分で自分が損しているように見えて、君は君で四分六分で損をしていると思っている、などということになります。

だから、リーダーが組織を引っ張っていくときには、利益なんて全部くれてやる、という覚悟が必要です。それでいて、最後に気がついたら利益が自分に返ってきていた、などということもあるのが面白いところです。

科学を例にすると、自分にアイディアが一つしか湧いてこなかったら、惜しくて共同研究者にあげられないでしょう。でも、私はアイディアが無限に湧いてくるので、あげるのが惜しくないのですね。そのせいで、大学院生などが私のアイディアをどんどん利用して研究を進めたり、論文を書いたりします。すると、これは経験則なのですが、私自身がアイディアの段階で先をすべて見通せたと思っていたことでも、他の人が研究を進めていく中で、予想していなかった新しいことが次々と出てくるのです。

結果から見ると、この数十年くらいの間、私が出す新しいアイディアの50％は当初の考えがほとんど当たっています。それはもう、何について研究していても当たるのですね。しかし、残りの半分は、研究によって私が考えていたものとは違う、新しいデータが出てきています。だから、もし私のアイディアがあっても、他の人たちが頑張って行動していなかったら、研究に進歩はなかったでしょう。

そうやって出てきた新しい情報をベースにして、私はそれらを総合化した論文を世に出します。そのときには、一緒に研究してくれた人たちの論文を引用しますよね。そうすると、皆が私にもう一度感謝してくれます。これは、自分の論文が引用されたという成果に対しての感謝です。そういうことをやっているうちに、時間が経ったら自分がぼろ儲けしていた、という結果になったりしますよ。

こういうものが、利益誘導力ですね。戦国時代であれば、君主に戦争のたびについていって、味方をしていると最後には領地をくれる、ということがこれに相当します。リーダーにはこの力も必要です。

三番目が、洞察力です。先ほどの例で言うと、戦国時代の武将だってそうなのですが、ありとあらゆる思考実験を行ってから実践に臨みます。将棋でたとえるなら、詰め将棋のようなものです。これを動かしたらこうなって、こういう行動をとったらこういう結果になって、という思考実験を、完全にし尽くします。そうやってから、組織を引っ張っていくわけですね。

これが洞察力、言いかえれば先読みの能力です。なぜこういう力が必要なのだと思いますか。

それはですね、いくら人間的な魅力のあるリーダーであっても、その人についていったら連戦連敗、などということではダメでしょう。周りの人がついていってくれません。だから、洞察力は欠かせませんよ。

四番目の能力は、度胸です。これはどういう力なのかを説明しておきましょうね。洞察力によっていくら思考実験を積み重ねても、自分が勝つか負けるかわからない、という状況がリーダーには必ずあります。そういう時に、君たちはどうしますか。ここで度胸が必要になるのです。度胸というのは、別の言い方をするなら、嘘をつく能力ですよ。勝敗が読めないとき、リーダーは「俺についてきたら必ず勝てる」と嘘をつかなくてはなりません。本当は負けるかもしれないと思っていても、リーダーが正直に「負けるかも」などと言っていたら必ず負けてしまいます。賭け事が好きな人は、実感として感じられるのではありませんか。とにかく、結果が五分五分のときは強気で攻め込むしかありません。度胸は、非常に重要な能力です。

そして最後の能力は、不利益誘導力です。これは、「俺の言うことをきかなかったらえらい目にあうぞ」と脅す力ですね。昔、田中角栄という政治家がいましたが、彼は利益誘導力と不利益誘導力の両方に長けていたリーダーでした。

この不利益誘導力がなぜ必要か、皆さんにはわかりますか。世の中には必ず、どうやっても絶対に自分に協力してくれない人というのがいるわけです。そういう人が自分の組織にいたら、どうしますか。そういう人であっても、生きている限りは何か一番大切にしているものがありますよね。その大切なものを調べあげて、「俺の言うことをきかないと、それがなくなるぞ」と脅かします。こういう力も、リーダーには必要ですよ。ただ、私にはこの不利益誘導力がないのが残念です。

これら五つの能力があれば、集団を組織に変え、君のやりたいと考えることを実行できるようになるでしょう。最初の質問への答えはこれでいいですか。

●なぜ、フィールドワークが大切なのか？

今井　ありがとうございます。それでは、次の質問をさせてください。

丸山先生は、きょうのお話の中でも、放映されたテレビ番組の中でも共通して、論理的なところに破綻をきたしたら実際に外に出て何かを調べ、それを再びまとめ上げていく、ということを大切にされているようです。先生の研究では、フィールドワークがとても重視されているのだと感じています。

僕自身も五月の初めに、宮城県の南三陸町で震災復興のボランティアに参加する機会をいただきました。実は、実際にこの目で被災地を見るまで、いくらテレビのニュースを見ても状況が実感できないままだったのです。しかし、被災地で現地の人と触れ、お話ししていく中で、少しずつ状況がつかめてきたように思います。僕は正直なところ、ボランティアに行けば現地の方たちに受け入れてもらえるだろう、よく来たとまでは言われないにしても、悪い意味では受け取られないだろう、という考えでいました。ところが現地の人に言われたのは、「なんで若いのにこんなところに来たんだ。ここはいつ津波が来るかわからないんだ」ということでした。

実際に被災地の方たちと接すると、僕が勝手に思い描いていたものとは違う感触があり、色々な人たちの思いがありました。よく考えてみると、小学生の頃にカブトムシを捕まえにいったとき、本の中では虫は木のウロにいる、樹液のそばにいる、果物をしかけておくとそこに来る、などと書いてありましたが、実際に試してみたらすべてうまくいかなかった、ということがありました。実際に触れてみないとわからないこと、映像や本ではわからないことが、世の中には多いのではないでしょうか。

ですから、フィールドワークというものが大事であるということは、僕にも漠然とはわかります。ただ、丸山先生にとって実際にものを見る、観察するということが具体的にどう位置づけられているのか、ということをぜひお聞かせください。

丸山　私はたまたま、四国の山の中で生まれました。まあ山の中というと大げさかもしれませんが、家は農家で、周りはすべて自然でした。だから、自分が自然のまっただ中にいても、違和感というものがありません。もし都会のど真ん中に生まれていたら、自然に囲まれていることを恐怖として感じたりすることがたくさんあるでしょう。私は、生まれがその真逆だったわけです。

その後たまたま、地質学のような学問を専攻することになりました。地質学を学んだのはある意味では偶然だと言ってもいいのですが、そうすると、自然を観察することが自分の商売になります。そして観察のために山の中を歩いていても、私には恐怖感というものがありません。誰もいない山中で、一人きりで寝ることもできますからね。ちなみに、深山幽谷にいて一番怖いことは何だと思いますか。それは突然、人間と出会うことですよ。一番怖いのは人間です。殺されてしまうかもしれませんから、第三者のいないところで人間に会うのはとても恐ろしいことですね。

いずれにせよ、徳島に育った私にとって、自然というのは自分と一体のものです。だから、フィールドワークにも違和感がありません。

このことに後から理屈をつけて、正当化してみましょうか。自然の現象というものは、大きくは宇宙の現象から、小さくはゲノムの現象まで、非常に複雑なものなのです。そういう現象、たとえば物理的な現象に数学という方法を持ち込んで、上から下に石を落下させたら何秒後に着地するか、という計算をしたりするでしょう。そして、実験しますよね。それでは、そういう物理学の法則によって宇宙や生物のことが解明できるでしょうか。これが、できないのです。

数学を科学の中に取り入れて、物理学が生まれました。しかし、そこで出てくる計算結果は、あくまで近似の世界です。たとえば天井から下へと石が落ちるという現象にしても、途中の空気を真空と仮定しなければ、計算することができません。なぜかと言うと、その空間にどれくらいの空気があって、その化学組成はこれくらいで、と計算したとしても、その空気がどういう方向に動いているかはわからないからです。だから、何秒後に石が床につく、という計算結果は近似でしかないもので、十のマイナス五乗の値まで正確に計算しろ、と言われたら無理ですね。

自然の現象とは、宇宙から生物まで、実に複雑なのです。そういう複雑な世界の問題は、数学の証明問題のようには解けません。それではどうやって解くのかというと、推理小説で探偵が犯人を暴くような方法をとります。いろいろな情報や状況証拠を集め、組み合わせていって、これが一番怪しい、というようにして考えていくのです。こういう方法を、帰納法と言います。

その帰納法の反対が、演繹法です。この二つは昔から対立した方法なのですが、実際の問題を解くためには、この二つを組み合わせてものを考えますね。ただ、自然現象の理解については、圧倒的に帰納的な方法がパワフルだ、というのが現代です。

フィールドワークをなぜ重視するか、ということに後から説明を付与すると、こういうことになります。どうでしょうか。

今井　ありがとうございました。

●放射性物質に汚染された土壌や農作物をどうすればいいのか？

増田（中学三年）　お話ありがとうございます。放射性物質に関する質問をさせてください。
日本は、食糧自給率が低い国です。その中で東北という地域は自分たちで食糧をまかない、高い自給率を保っているところでした。しかし、福島での原発事故が起きて以来、その土壌から放射性物質が検出されたりしています。丸山先生は、土壌に放射線がたまっているとおっしゃっていました。そうやって放射性物質が検出されてしまった土壌や農作物、植物は一体どうすべきだとお考えですか。

丸山　そのことも、緊急に考えなくてはいけない重要な問題です。いまの段階では、学校の校庭の土を全部はがしてどこかに集めるといった対処をしていますね。ある種の植物を除去材として使い、土壌の放射性物質を吸い取らせるという方法もあります。

ただ、そうやって放射性物質を吸い取って育ち、その後ひからびた植物は、どこかへ持っていって処理しなくてはなりません。無機物という観点からは、粘土のように放射性物質を吸着させる素材を使い、このような汚染されたものを無機的なものにしてしまう、という方法が考えられます。そういうプロセスによってどんどん物質を濃縮させていき、最も濃く集められた状態へともっていくのです。しかし、やはり最後はどこかに捨てなくてはなりません。いまはキャスクにして地中に投棄するということになっていますが、このことについてはもっと根本から考えなくてはならないでしょう。

もう一つ話しておきたいことが、放射線の安全基準についてです。いま、何ミリシーベルト以下なら安全だとか、いや危険だ、といった議論が盛んですね。安全なのかどうかという問いに対する答えは、非常に単純です。とにかく、グレーゾーンがめちゃくちゃに広いのですよ。ここより低い値は安全で、これより高いとアウトです、大変な目にあいますよ、という基準が、人類の場合は何ミリシーベルトと決まっていません。とにかく広いグレーゾーンの中で、その人の個性に応じて影響を受けることになります。非常に敏感な人なら、低い値でも大きな影響を受けるでしょう。逆に、少々汚染されたものを食べても何ともない、という人もいます。それが、生物の多様性というものなのです。

それならば、人間に対する安全基準としては、誰も影響を受けないであろう最も低い値、ミニマムを採用するしかありません。つまり、年間1ミリシーベルトという値をとるしかないのです。この点について、世の中には誤解が広がっていると思いますね。

そしてもう一つ、原発から出た放射性物質が集まっている場所をどうするのか、ということも考えておかなくてはなりません。実際のところ、池ひとつとっても、放射性物質が集まってくるものと、外へと流れ出ていくものがあるでしょう。私たちはまず、物質が濃集しているところを探さなくてはなりません。田んぼにしても、水を張ってあるかそうでないかで放射性物質の量は違ってきます。学校のグラウンドだって、風の吹きだまりになっているところや落ち葉が集まっている場所は危ないですから、まずはそういう場所の値を必死に計測していかなくてはならないのです。

ところが、このことを最もわかっていないのが物理学者です。彼らはどこでもいい、50cm土壌を掘りなさい、そこで計測した値を平均しなさい、などということを最初に言いました。事故直後の放射性物質なんて、地下50cmに達しているわけがないでしょう。問題なのは、物質が落下した場所の表面から高さ1cmでは値がどうなっているかということです。だから、場所によっては地表であったりするし、水が染み込んでいくところがあればその部分を測らねばならなかったりします。

このように、放射性物質がどこにたまっているかを判断するためには、自然をよく観察している人が必要なのです。水がどう流れるのか、風はどのように舞うのか、それらが季節の変化によってどうなるのか、ということを知っている人たちが、現場で数値を測定しなくてはなりません。そして、放射性物質が最も濃く集まっている場所はどこか、それをどうやって除去するか、ということを念頭に置いて行動します。これが、国民の命を大切にするということです。

しかし、今回の政府や東電が望んでいたのは、もう大丈夫ですという安全宣言を出す、ということでした。だから、適当に一万か所の測定地点を選び、できるだけ早く放射線量の平均値を出したら、もう安全ですよ、と言い出しましたね。こういうとき、政府に論調を合わせる御用学者が必ずいるものです。私たちは、気をつけて様子を観察していかなくてはなりません。

増田　ありがとうございました。

●ここ数年の地震に関連はあるか？

森（高校三年）　本日は、お話ありがとうございました。地震のことについてお聞きします。

ここ数年間で、スマトラ島沖、一年前のチリ、つい最近のニュージーランド、そして日本国内でも新潟県の近辺で二回と、大きな地震が立て続けに起きています。また東北でも、今回の震災だけではなく、以前から何度か大きめの地震が起きていたと聞きました。僕自身の体感として、90年代以前よりも地震の頻度が増しているような気がするのですが、こうした地震同士には何か関連性があるのでしょうか。また、今後の世界的な地震活動がどうなっていくのか、もし見通しをお持ちでしたら教えてください。

丸山　データを統計処理したら、この十年間で地震と火山の噴火の頻度は増しているでしょう。君の直感は正しいと思いますよ。

それでは、なぜ頻度が増しているについて考えてみましょう。おそらく、この現象に関連づけるべきメカニズムは、宇宙線の照射量です。どういうことかというと、ここにペットボトルがありますが、このボトルに宇宙線を照射すると、何が起きるかわかりますか。ボトルの中に、泡ができるのですよ。これは、１９６０年代から判明していた現象です。

このペットボトルを、火山の噴火にたとえてみます。もしこのペットボトルにコーラが入っていて泡が立ったら、フタがポンと飛びますね。火山もこれと同じで、マグマの中にガスが生まれるわけですから、フタが飛び出すように噴火が起こります。

また、浅い震源域の地震では何が起きているかというと、これもやはり火山の噴火と原理は同じです。活断層というものには、間に水が染み通っています。もし宇宙線の照射量が増えると、その染み通っている水の中で泡ができますね。すると、水が横へ横へと染みわたっていきます。通常時は、活断層全体にストレスがかかっていても、水の分布が不連続ですから何も起きません。しかし、泡ができたために水が横へと広がっていくと、不連続だった水同士が一気につながります。そこで応力によって地震が発生する、というわけです。

いま世界中に、宇宙線がどれくらい降り注いでいるかを調べている観測所があります。観測が始まったのが１９６０年代ですから、もう４、50年は観測が続いていることになりますね。そして５、６年前から、観測史上最大量の宇宙線が地球に降り注いでいる、という時期がありました。おそらく、去年がピークだったはずです。地震が連続した究極の原因は、これでしょう。

森　ありがとうございました。

●津波のメカニズムについて

河辺（高校二年）　今日はありがとうございます。津波に関してうかがいたいのですが、僕たちが検討していく中で、津波は2回にわたって波が大きくなったという計測結果のことを知りました。1回目は緩やかな波、2回目は切り立った波だったそうです。それはいったいどのようにして起こったと先生はお考えでしょうか。その点について、よろしくお願いします。

丸山　このことを検討するためには、津波の表面波を解析していくことが必要でしょう。海面を波がどういう形で伝わっていったかということを、正確に観測するのです。もしこのデータが出てくれれば、海面下で何が起きたかということを特定することができます。

海底の堆積物が一気に落下した場合には表面的な波がこういうふうになるはずだ、という理論的な予言はできます。これまでの仮説であったプレートのはね上がり理論の場合とは、ずいぶん波の形も違ってくるでしょう。このあたりは、津波に関する新しい考え方のためのカギのひとつになると思います。

現在でも、スーパーコンピューターなどで解析が進められていますし、私のところにも津波の発生直後にはそういう専門の人が来て議論をしました。ただ、いまの段階で解析結果がどうなっているのかは、残念ながら私にはまだわかりません。

河辺　ありがとうございました。

●丸山先生はなぜ独自のモデルを形成できるのか？

塩澤(中学二年)　今日は、お話ありがとうございました。僕は、今回の講義を含めて、丸山先生のお話を何回か聞かせていただいてきました。その中で丸山先生は一貫して、はっきりとしたモデルや筋道を立てた上でお話しされています。今回の原子力発電所の今後についてのお話でも、生物の誕生や進化についてのお話でもそうでした。

僕は今まで、先生がどうしてそんなことができるのだろうかと率直に思ってきました。なぜそういう考え方ができるのかを教えてください。また、そういうモデルを考えるための基盤といいますか、丸山先生にとって外せないことというのがあればお聞かせいただきたいと思います。よろしくお願いします。

丸山　次々と鋭い質問が出てきますね。私の答えは、「知識を体系的に積み上げていく」ということです。一言で表せば「知識の体系化」ですね。

たとえば、算数や物理で簡単な公式を学ぶでしょう。そういうものはバラバラに存在しているのではなくて、みんなつながっているのです。だから、こうした知識を頭の中でつなげていくという努力をしなくてはなりません。

野球の世界でたとえたら、少しわかりやすいかもしれませんね。今年はイチローの調子がよくないでしょう。それではなぜ調子が悪いのかと考えるとき、野球が好きな人たちは年齢のせいだとか、精神的なスランプだろうとか、ホームラン狙いではなくバットにボールをうまくあてることに集中しているのだとか、それぞれ頭の中で理屈をつけて考えますね。どんな人間でも、そうやっていろいろな知識や情報をつなげて、体系化しているのです。

ただ、この体系化の形は人によって違いが出ます。その違いは、考える人が日々新しい情報を体系に取り入れているかどうかという差から生まれてくるものです。

私が知識を体系の中に入れていくときには、もともとの体系のどこかに、ぽこっと穴が空いているのです。そして、あるときヒントになるような情報が耳に入ったり、新聞やテレビの情報が入ってきたときに、一瞬でその穴に知識がはまりこみます。そうやって穴に入ったものは、たとえノイズのような情報であっても、私の頭から抜け落ちることはありませんね。逆に、どうしても丸暗記しなくてはならず、体系から落ちていってしまうようなものは、もし一所懸命に覚えたとしても一週間後にはすっかり忘れています。私の頭は、そういう風にできているようです。

きっと、私は小さい頃に、知識を体系化しようと思ったのでしょう。私の親戚に、学校の先生をしているおじいさんがいましてね。私が小学校に入学する前の五歳か六歳くらいのとき、その人は「魚というものは、大きくなって人間に食べられることを生きる目的にしている」と私に教えました。そして、魚が小さいうちはまだ食べてはいけない、大きくなったら人間に喜んで食べられるのだ、と言うのですね。私は自然の中で育ちましたから、その話を聞いた後で川に魚を獲りにいくわけです。そうしたら、大きな魚が率先して私から逃げるのですよ。私に食べてほしいと思って近寄ってくる魚はいませんでした。むしろ、小さい魚はまだ経験がたりませんから、逃げ足が遅くて簡単に私に捕まります。これでは、教えてもらったことと反対でしょう。

そして私はそのとき、なぜ大人は嘘をつくのか、ということを考えました。その理由を知りたいと考え、知識の体系化へと向かっていったのだと思います。

だけど、大人が嘘をつくことにも意味がありますよ。君たちは寮生活をしていますから、わかるでしょう。人間の中には、理由なく他人を殴るような人だっているわけですよ。それはもう、人間が多様である限り、そういう暴力的な人もいて当然です。そういう暴力的な人間を暴力的でなくすためには、嘘をつかなくてはいけないのではありませんか。「君、そういうひどいことをやっていると、死んだら地獄に行って閻魔大王に舌を抜かれるぞ」などというようにね。そういう面から考えると、宗教というものもある意味で社会を平和にするために必要だと言えるでしょう。科学の発達によって作り話が明らかになったりして宗教は少し勢いをなくしていますが、その必要性はこういうところにもあると私は思いますね。

さて、世の中はどんどん複雑になってきています。そして、それぞれの人間のやってきたことがその中でどういう意味を持つのか、それを理解し続けたいという思いが大切です。体系化された知識は、たとえるならクリスマスツリーのようなものです。その高さは、君たちが３ｍだとすると、私は１００ｍくらいでしょうね。若いうちから体系化を続けていると、私くらいの年になったときには遥かに高い木となるでしょう。そういう体系を持っていれば、何か問題が目の前に出てきたときに「一番正しい答えはこれだ」と一瞬で判断することができます。

最近、芸術や音楽などのある面に秀でている人はすべてがわかっている、と考えるような風潮がありますが、とんでもない話です。音楽家に政治活動や自然保護活動を任せたりするなんて、狂っているとしか私には思えませんよ。ある面だけに秀でた人をメディアが引っ張ってきてあらゆる分野のことを語らせる、というやり方は間違っています。

少し話がそれてしまいましたね。私が言いたいのは、知識の体系化が重要である、ということです。どうですか。

塩澤 ありがとうございました。

●メディアはどうあるべきか

井上（高校一年） お話ありがとうございます。今回の震災によって、前代未聞の津波や原発事故が起きました。こういう状況のとき、メディアというものは一体どのようにあるべきなのでしょうか。また、僕たち情報を受け止める側は、何を見極めればいいのでしょう。

丸山 また、鋭い質問ですね。これは現代の病の話ですよ。

現在、人間の歴史の中で、過去に例がないことが起きています。たとえるなら、「メディア帝国主義」の時代とでも言いましょうか。政治家もコメディアンになり、どうしようもないパフォーマンスをしなければ選挙に当選することができません。ありとあらゆる人が、マスコミの奴隷になりつつあると私は感じています。

それでも、「人間の世界がこれからどうなるのか」「この国はどうあるべきか」という見識と長期的なビジョンをもって現代の様々な問題に対処する、という知性・インテリジェンスがマスコミにあればいいでしょう。しかしこれが、ないのです。それではどういう方向へと流れていくのかと見てみると、これは市場原理ですね。視聴率至上主義となり、視聴者みんなが面白いと思って見てくれればそれでいい、という考え方をするようになっています。

この考え方が蔓延すると、まず内容が下品になります。知性がゼロでも楽しめる番組は、どのようなものでしょうか。オスとメスの話、暴力の話、食べ物の話、といったものですね。こういう話題は、犬よりも少しだけ知性があれば面白いと思えるでしょう。そして国民は、そういうものに流されていきます。

こういう状況の中で若者が育ちますから、国は内部から崩壊するでしょう。今日取り上げた話題の中にもありましたが、組織はすべて内部から崩壊します。それは古代ローマや中国の歴代王朝もそうでしたし、日本だって同じです。いま日本は、確実に内部崩壊の方向に向かっています。

少しメディアとは別の話になりますが、ペットについても同じことが言えます。ペットと家畜と、命ということについて何が違うのですか。まったく違いはありませんよね。ペットというのは、人間が寂しかったり悲しかったりするのをまぎらわせるために、生物を捕まえてきて慰みものにしているのですよ。だから、野生に帰したらペットは生きていけない状態になっていて、すべて死んでしまいます。ああいうむごいことをしておいて、人間には残酷だという意識がありません。それでいて、人間と同じように服を着せたり、死んでしまったらお葬式まで上げたりしています。

その一方で、地球上に人間は70億人近くいて、家畜が44億頭も存在します。牛は普通に草を食べて育ったら成長しきるまでに五年はかかりますが、人間はそれを一年で育て上げて食べていますね。そういうことをしているのに、私たちは家畜に対して罪悪感を微塵も感じていません。

この二つの対照的な命について考えたら、何かが狂っている、と思うのが普通でしょう。それなのに、動物の命を大切にするというような番組を見て、人々が感動している。これは、おかしいですよ。それでは何がこういう状況をもたらしているのかというと、それはやはりメディアだと思います。

原発の問題に絡めてもこういう話をしてきましたが、やはりあらゆるものが狂っています。どのみち、組織が80年で崩壊するのなら、残りはあと15年です。そうなれば、日本人の中で飯が食えないという人がたくさん出てきたり、大変なことが次々と起きてくるでしょう。それまで待つか、あるいはどのみち崩壊するなら、いっそそれを加速させるという方法もあるかもしれません。すべて崩壊してしまえば再生も早いでしょうから、あえて応急処置的なことはしない、という考え方もできます。このことについて細かく話すこともできるのですが、今日はもうあまり時間がなさそうです。ここから先は、またの機会にお話ししますよ。

井上　ありがとうございました。

●問題の本質をどうやって見抜くのか？

橋場（高校二年）　お話ありがとうございます。今回の福島原発の事故であっても、少しさかのぼって2008年の金融危機でも、現代の社会では問題が隠ぺいされてきました。このような社会構造の中で、僕たちはどうやって問題を見抜けばいいのでしょうか。普通に生きていては、問題に気がつくことすらできないようにも思えます。

丸山先生は、問題点に気づいた上で考え方のモデルを立てておられるようです。どうやって先生が問題を見抜くのか、ぜひ教えていただきたいのですが、いかがでしょうか。

丸山　本当に、鋭い質問が飛んできますね。先ほどのモデルに関する質問に対して、答え忘れていたことがあります。モデルを作るとはどういうことかというと、最もわかりやすく本質をわしづかみにする、ということなのですね。そうやって論理をすっきりさせることを、別の言葉でモデルを作る、といいます。

つまり、今までの歴史の中で何が問題だったのか、何がわからなかったのかを明らかにし、それを解くにはこうしたらいいのではありませんか、ということを示すのがモデルであり、理論なのです。こういうものをはっきりとさせておくことで、後に続く研究者は問題のありかが全部わかるようになります。同時に、モデルは理論ですから、誰かがそれを検証するということが始まるでしょう。何を検証すればいいのかということも明らかになるのですから。

世の中のありとあらゆることは、複雑です。ただ、複雑ではあるのですが、その中に最も重要な要素というものがあります。それを明確にする、ということが重要な点の一つですね。こういう訓練を、ずっと続けていかなくてはなりません。知識を体系化するというのも、重要な要素を見つけ出すということに関連しています。体系化された知識があれば、どんなものを見たとしても、そこに穴があればわかってしまうからです。つまり、問題のありかがわかるわけですよ。

今日の話には、科学に関するものだけではなくて、組織論なども含まれていますね。あれは、個人的な体験がどうのこうのという話ではありません。人間がいる限り、ああいった問題は必ず出てきます。人間の社会にひそむ法則性とは、そういうもののことを言うのです。たとえば企業という組織があり、そこに社長というイスがある限り、そのイスに座った人は性格とは無関係にああいった罠に落ちるものなのです。

だからスタンフォード大学やハーバード大学などの教授は、それぞれの大学出身者を採用しません。私はスタンフォード大学に長くいましたが、あの大学の出身者は、スタンフォード大の先生にはなれないのですね。もし自分の大学の出身者を採用すれば、その教授のもとで部下として奴隷のように働いてくれるでしょう。組織の本能としては、そういう同大出身者を採用したいわけですよ。だからこそルールでそういう採用を禁止しよう、ということです。アメリカの大学が健全にここまで発展してきた理由の一つには、このことがあると私は思っています。だから、日本でも東京大学卒の人間は東大の先生になれないとルールで決めてしまったら、大学はよくなるのではありませんか。

このように、人間の作る社会にも法則性があります。そういうものを少しずつ自分の知識の体系の中に取り込んでいくと、社会でどんな事件が起きても本質が見えるでしょう。このテーマについてはもう少し話したいこともあるのですが、続きはまた改めてやりましょう。

橋場　ありがとうございました。

●これからの生き方を、どのように考えていけばいいのか？

坂井田（高校三年）　本日はありがとうございます。僕は東日本大震災について検討していく中で、自分の生き方に対する考えが組み変わってきています。

一番感じているのは、ある場所に住んだり、ものを食べたり、電気を使って生活したり、ということが何の自覚もなしにできてしまっている、ということです。つまり、自分の生活に無自覚なまま僕は生きているのであって、こういう状態で生きている人間は、いざというときに死んでしまうのではないか、というように感じるようになりました。おそらく僕を含めた多くの人たちが、そういう社会の中で生きているのではないでしょうか。

僕たちは、どうしてこういう社会で生活するようになってしまったのでしょうか。そして、こうした社会をどうやって生きていくべきでしょうか。僕自身は学ぶということ、勉強するということがとても大切だと思っているのですが、先生の考えをお聞かせください。よろしくお願いします。

丸山　だんだん質問が哲学的なことになってきましたね。確かに現在、突発的なできごと、予期せぬこと、というものの起きる頻度が増しています。

ただ、それは自然災害だけを原因とするものではありません。実はいま、人間が作り出したテクノロジーの上に立脚した災害が多く起きています。たとえば今回の地震にしても、ビルから物が落ちてくる、ガラスの雨が上から降ってくる、地下鉄の中で事故が起きる、といったように、人間のテクノロジーの発展と関係した事故が多く見られます。

その一方で、百年に一回、千年に一回の天災ということが起きてくるわけです。そういうとき、自分や家族の命をどう守ればいいのかということを、瞬時に判断しなくてはならないでしょう。一秒後の自分の反応を問われることになりますね。

こういうとき、先ほどお話しした体系化された知識が必要になります。これがなければ、瞬時の判断などできません。人間には常に経験に学ぶという性質があり、自分の過去の経験からものを判断してしまう面があります。だから津波警報が出ていても、以前の自分の経験では大したことがなかった、今回も大丈夫だろうと判断して逃げ遅れた人も多かったはずです。いま起きていることが何なのかを判断できるような体系的な知識を持ちえたかどうかが、人の生死を分けた理由の一つだと私は思います。

ところで、私自身は自分の命などどうでもいいと思っている面があります。自分の命は、隣で歩いている人が偶然に踏みつぶしたアリの命と同じようなものだ、人間の命とはそういうものだ、というように、色々と考えるのです。しかし、そういうふうに考えているだけでは面白くありません。人間が他の生物と違う決定的な理由は、脳でしょう。かつて脳が異常をきたして肥大化したとき、人間は新しい世界を作り上げたり、テクノロジーを次々に発展させたり、宇宙の果てにまで理解を及ぼそうとしたりするようになりました。それが人間の人間たるゆえんだとすれば、人間が作り出したありとあらゆるものを理解できるか、というところに人間の生きる目的があるのです。これは、豊かな知識を身につける、という言い方で表すこともできるでしょう。

ただ、ここでいう「豊か」とは、お金をたくさん持っているということではありませんよ。豊かさとは幅、レンジです。たとえば、いかにおいしくものを食べるかということが考えられると同時に、いかに飢えに耐えるかということも実践できる、という幅です。あるいは、できるだけお金があればいいと思って生きていくと同時に、まったくお金のない生活もする力がある、ということでもいいでしょう。そして、どれだけ悲しい目にあったかということと同時に、どれだけ嬉しいことがあったか、という幅でもあります。その悲しみだって、漢字で表せば「悲しい」と「哀しい」があるでしょう。そういった幅を持っている、ということが人間にとって大切です。

なぜこうした幅が大切かというと、それによって色々な人の気持ちがわかってくるのですね。

人生で楽しい目にしかあっていない人には、他人の悲しむ気持ちはわからないでしょう。それと同じことが、様々な面であるのです。だから、豊かさ、幅の広さというものは、人間が生きていく上での財産になるのではないか、と私は思っています。

坂井田　ありがとうございました。

丸山　それでは、もう終わる予定の時間を完全にオーバーしていて、そろそろ限界のようです。今日はここまでにしておきましょうか。

質問に応える丸山先生

第3章　生徒たちが考える「東日本大震災」2篇

①　東日本大震災と向き合う——「学ぶ」と「生きる」を問い直す

暁星国際学園　ヨハネ研究の森コース　高校3年　坂井田　翔平

はじめに

3月11日の東北地方太平洋沖地震をきっかけに起きた、東日本大震災のことを知らない日本人は、今おそらくいないだろう。これほど大きく日本全体が揺るがされているのを見るのは、生まれて初めてかもしれない。それだけに、地震直後は変に気を張ってしまっていたことを記憶している。今でも、日本という一つの国が変わろうとしていることを肌で実感することは、僕にとって難しい。

僕は、東北人ではない。東北に住んでいる訳でもないし、東北で生まれた訳でもない。唯一つながりがあるとすれば、ヨハネ研究の森の創立者、横瀬先生が経営されている私塾Neo ALEXが宮城県利府町にあるということ。僕の源流であるヨハネ研究の森、その源流であるNeo ALEXは、僕にとって重要な場所であることは確かである。実際に何度かお世話になったこともあった。けれども僕はやはり千葉の中にいて、宮城の人々の安否を聞くことくらいしかできなかった。つまり僕は直接的に東日本大震災の被害にはあっていないということになる。あるとすれば、計画停電の対象地域であったことや、スーパーの物が無くなってしまったこと、今で言えば福島原発事故の影響で行なわれている節電くらいであろう。

では、僕には何の関係もない話なのだろうか。僕は全くの部外者として、普段の生活を送っていけばよいのだろうか。それは違うと僕は思った。日本の未来に関わるような大きな出来事である。必ず僕にも今、すべきことがあるだろうと思った。

では何をすべきなのか。「がんばれ日本、がんばれ東北」「あなたにできることを」が世間での口癖になっていた。そうとは直接言わないけれども、義援金や救援物資を送ること、被災者に同情すること、東北を応援することなど、東北に直接関係のあること、あるいはある雰囲気をつくることが、一人ひとりのすべきことであるという風潮が、世間に流れているように僕には感じられた。

僕が今やるべきことはそういう行動なのか。僕たちが何かをすべきだというのは、今目の前にある問題だけを解決する為の、ある意味イベント的な性格をもった話なのか。それも僕には疑問だった。

その後、横瀬先生のお話を聞き、いくつかの映像や資料を検討し、様々な人の意見を聞き、実際に被災地を見て回り、ボランティアにも参加して、今僕はNeo ALEXでこの文章を書いている。

「東日本大震災」は、僕たちに「生きるとはどういうことか」「学ぶとはどういうことか」と問うているのではないかと思っている。誰もがそれを否応無しに問い直させられ、新しい日本をつくり、新しい時代を迎えなくてはならなくなった。やはりそれほど大きな出来事であったのだと、数ヶ月が過ぎた今なら思える。地震の直後からこう思えるようになるまで、僕の中でこの話題に関する考えはめまぐるしく変化してきたし、今でもそれは続いている。それでも今はようやくある立場に立って、この日本にとっては悪夢のような、けれども重要な出来事を、時代を、捉え、生きようとしている。このレポートは、まさにそれを言葉にしたものである。

復興のための片付けにはまだ相当な時間と労力がかかるだろうと予測されるし、復興も簡単ではないだろう。今はまだ未来の光などほとんど見えていない状態である。震災は過去のことではなく、現在進行形の事態なのである。けれども、高校3年生として本格的に将来のことを考える上では、現段階で僕がこの震災をどのように捉え、これとどう向き合い、今後をどのように生きていけばよいのかをまとめておく必要があると感じ、筆をとった。日本にとって、終戦とその後の大復興以降の大きな分岐点を抜きにして、自分の将来を考えることはできないと確信しているからである。

未だに理解が及ばない点、善し悪しの判断が難しい点が多々含まれることになるであろうと思うけれども、それらを明確にするためのものとしても、今、東日本大震災に関して僕が考えた一連のことをここにまとめさせていただきたい。

☆東日本大震災とどう向き合うか

地震直後の僕の生きる姿勢は、あまりに情けないので思い出したくない。けれども残念ながら、それも含めて僕の東日本大震災との向き合い方であることは変えようのない事実である。3月11日以降の全てを受け入れ、振り返り、自覚することで、この間の生活のなかで僕が何を学んだのかをより鮮明に知ることができるであろう。

3月11日、今思えば「ヨハネ生失格」と言える程に情けなかった地点から話を始めようと思う。その日僕は、研究発表会で発表したことをさらに踏み込んで検討するために、グループで話し合いを行なっていた。その間、頻繁に小さな地震が起こっていて、少しおかしいとは思いつつも、特に気にせずに淡々と日々を送っていた。

3月11日午後3時頃。地震が起こった。いつものかと、完全に地震慣れした僕らは、気にせず話を続けていた。けれども、いつまで経っても地震はおさまらず、少しずつ強くなっているようにさえ思えた。それは単なる思い過ごしではなく、事実であった。揺れは徐々に大きくなり、近くのホワイトボードは倒れかけた。これはいつもと違うと感知した僕らは急いで机の下に隠れた。おさまったと思うと、再び揺れ始めるということが、何度か繰り返されていたので、僕らは机の下で30分ほど様子をうかがっていた。途中で停電も起こった。

やがて揺れはおさまり、全員が玄関に集合した。そして人数確認を行い、寮内待機の指示が出た。その時はまだ、何の情報も入っていなかった。僕はいつもより大きな地震が起こった程度にしか思っていなくて、震源地はどこだとか、家族は無事かとかいうことに頭がまわらなかった。寮に帰って、着替えを済ませ、夕食を待った。やがて日が暮れた。電気が使えないので、辺りは暗黒に包まれていった。懐中電灯だけが唯一の明かりであった。

食堂で夕食をとる。丁度夕食を作っている最中に停電してしまったらしく、出来上がったものを分けて食べた。机にはろうそくが並べられて、教会のような雰囲気のなか、食事を済ませた。僕を含め、そこにいるほとんどの人がまだ、このことを単なる「非日常」であるとしか捉えられず、多少なりともその場、雰囲気を楽しんでいたように思う。その時はまだ事態が全くのみこめていなかったのである。

寮にもどると、外は完全に暗くなっていた。すぐに電気がもどるだろうと軽い気持ちで考えていたけれども、愚かであった。風呂には入れないし、蛇口をひねっても水はでないので、水分補給はままならず、歯を磨くなどはもってのほか。トイレも使えない。普段していることが何一つできなくなった。僕の生活は電気によって支えられているのだ、などと高級なことは当然考えておらず、ただただ困っている自分がいた。できることは、寝ることぐらいであったけれども、寝るにしては時間が早すぎたので、電気を使わずとも時間をつぶす方法を考えた。

ギターを弾いて、皆で歌った。本当にそれくらいしかできることがなかった。その後、友人とくだらない話をして、その日は床に着いた。

翌日目覚めてみると、部屋に明かりが戻っていた。木更津には電気が戻ったらしく、その日からまた学校の生活が始まった。予定されていた合気道の授業は中止となり、グループ検討の続きを行なうことになった。けれども実際にはほとんど集中した検討は行なえず、とりあえず集団でいることが目的になっていた。記憶は定かではないけれども、その日に少しずつ情報が入ってきて、どうやら宮城県が震源地らしいということ、横瀬先生と宮城県出身の松並先生は車で家へ向かわれたらしいということを聞いた。その時もまだ、事の重大さには全く気づいていなかった。

翌日の3月13日日曜日。男子寮は新年度に向けて、寮替えを行なっていた。その途中で突然、帰省が命じられた。そのときに先生が、原子力発電所について少しお話されていたような気がするけれども、僕の原子力発電に関する知識は皆無に等しかったので、何をおっしゃっているのかわからなかったし、今もほとんど覚えていない。とにかく帰省になったということ。その理由もほぼわからないまま、僕は母の運転する車に乗って家へ帰った。その日は家族と地震の話を多少しただけで、特に何をすることもなく休んだ。

翌朝起きてみると、テレビがついていた。何気なく、ニュースを見る。そこには、日本とは思えないような光景が映っていた。戦争している地域の映像かと思ったけれども、どのチャンネルをまわしても、外側の枠に「東日本大震災関連」という文字が入っているので、どうやら日本の、それも東北の映像であるとわかった。

そこで初めて、事態の深刻さに気づいた。今回の地震によって津波が発生し、それによって東北海岸沿いの全てが奪われたらしい。詳しい情報は頭には入らず、とにかく何か恐ろしいことが大規模な範囲で起こっていることだけは知ることができた。

僕は完全にその一面的な情報に呑まれた。ほとんど何も知らない状態で、この震災をどう捉えればいいのか、ということをやたらと考えてみたり、特に考えもなく募金をしてみたりと、今振り返ってみると全く安易な行動をしていたと思う。

原子力発電所のことも問題になっていたけれども、僕はそのことに関しても情けない行動をとっていた。原子力発電に関する知識は皆無に等しかったにもかかわらずそのことについて勉強もせず、あげくの果てには誰かが言った「大丈夫だ」という言葉に頼って、その時を過ごしていた。

日本が大規模な被害を受けていること、そして自分が「死」に関わる状況になりかねない中で生きていることに実感が湧かなかったのかもしれない。それにしても、知ろう、学ぼうという頭の働き方をしなかったことは、本当に情けなく思うし、危険であると思った。もしも原子力発電所が今回よりもひどい被害を受けて、本当に逃げなくてはならない状況になったら、僕はどう行動すればよいのか全くわからない。この社会を生きていく上で、メディアリテラシーというものが如何に重要か、思い知らされた。同時に、僕はヨハネ生失格であると思った。

ただ、僕にできることが物資や義援金を送るような、直接的なもののみであるとは思わなかった。今ここでできることがあるはずだと思った。思ってはいたけれども、それが何なのかはわからなかった。

「何かを学ばなくてはならない」と思っているだけで、結局僕は特に何のアクションも起こさずに、春休みを過ごしてしまった。

☆「当事者意識」とは何か

帰寮後、横瀬先生から東日本大震災に関するお話があった。そこで、僕の頭がようやく冷静に働き始めた。このお話はまさに僕が答えを出せずに混乱していた問題を解決してくれた。ここではそのお話を振り返る。

テレビ等の情報機関を通じて、義援金を送る人、被災者に同情して涙を流す人、東北を応援する人、原発反対を訴え始める人など、被災地外の多くの人間の動きを知ることができる。

それらは当然行なわれるべきことだし、必要な行為である。けれどもそういった、直接的な行為、あるいはイベント的な性格を持った行為だけが、「当事者意識」を持つということではないし、それだけがすべきことでもない。いくら悲しみを分かち合おうとしても、いくらお金や物資を送って「今」を乗り越えたとしても、将来同じ過ちを繰り返してしまえばそれらは何の意味もなくなる。今起こっていることそれ自体にだけ目を向け、被害を受けた人の気持ちを想像することは「当事者意識」を持つことにはならないと横瀬先生はおっしゃる。

「明日は我が身」。地震や津波、原発事故、それらがもし自分に襲いかかってきたら。そう考えると、嫌でも勉強しなくてはならなくなるし、未来のことを考えなくてはならなくなるだろう。どうやってそれを防ぐのか、起こったらどのように振る舞えばよいのか。それを知らない人は、他人の言うことに振り回されるほか道はない。自分で判断できないからである。

例えば我々は、地盤などの地形的なことを考慮して家を建てているだろうか。電気がなぜ今のように自由に使えるのか。自分はどれだけ電気に頼っているのだろうか。電気がなくなっても自分は生活ができるのだろうか。地震はなぜ起こるのか。原子力発電とは如何なるものか。考えてみれば、どれも自分のことのはずなのに、ほとんど知らずに生活している。そうやって何も知らないまま生活してきてしまったのである。

これをきっかけに、自分が曖昧にしてきたこと、無自覚に使ってきたものについて学ぶ必要がある。いつ自分にふりかかってくるかわからないからだ。つまりこれが、「当事者意識」を持つということである。

横瀬先生がそれを実践される中で、東日本大震災に関してわかってきたことは、根本的な問題は社会が何でも一元化するところであるということだ。原子力が画期的だという話になれば、それまでのものはすべて捨てて、原子力発電だけに依存する。そうやってなんでもひとつだけを増やしてそれに頼ろうとするから、持続社会が生まれない。学校や塾に関してもそれは同じである。色々な学校、塾があっていいのに、今はどこへ行ってもほとんど同じである。今一番の問題はそこにあって、それが原因で社会は弱体化し、すぐに混乱を巻き起こす。横瀬先生はそう考えておられる。

このお話を聞いている最中、僕は何かつっかえがとれたような、すべきことが突然明確になったような、そんな感覚を覚えた。今、ここでできること、すべきこととは何なのかが見えたからであろう。と同時に、自分がほとんど何も知らずに、無自覚に生活していることに気づかされた。

この時、僕の中で東日本大震災との向き合い方のベースが築かれた。それはやはり誰にでも関係のあることで、「学ぶ」という取り組みによってそこに参加することができるのだ。「どんなことからも学ぶ」というヨハネ研究の森の哲学を思い出し、それが今後生きていく上で必ず活かされるであろうと確信した。

ようやく僕は、東日本大震災と向き合い、この事件とそこにある問題に取り組み始めた。

☆なぜ地震は起こるのか

横瀬先生のお話を聞いてからおよそ3ヶ月。ヨハネ研究の森ではいくつかの視点から今回の震災について検討を重ねて来た。恥ずかしいことに、理科の基礎知識に乏しいため、間違った理解や、単純で浅はかな疑問が多々含まれることになるかもしれないけれども、現段階で僕がどのように震災で起きたいくつかの出来事を理解し、どのように無自覚に営まれる生活を自覚していったのかをここではまとめてみたい。

なお、ヨハネ研究の森での検討に加え、カザフスタンのウラン鉱山の一部を日本のものとして買い取られた、生徒保護者でもある高玉さんや、毎年ヨハネ研究の森を訪れ、講義をしてくださる丸山先生のお話を織り交ぜながら進めていく。

3月11日に起きた東北地方太平洋沖地震は、マグニチュード9.0という歴史上ほとんど類を見ないような巨大地震であった。一説には、マグニチュードを決定する基準が日本式から世界式に変わったので、余計に大きな地震だと言われているという話もある。世界では日本程地震が起こらないので、基準の設定の仕方が違うのだろう。それにしても、やはり巨大地震であったことに変わりはない。日本列島全体が東へ数センチ動いたという計測や、余震、誘発地震の多さを考えてもそれはわかる。つい先ほども震度3の地震がここ宮城県で起こった。3月から既に4ヶ月過ぎた今も地震が続いているのである。

今回の震災で第一次災害の原因になったのがこの巨大地震である。それによって液状化現象が発生し、関東地方でも苦しい生活を強いられた人々が大勢いた。まずは地震について考えてみたい。

ではそもそもなぜ地震は起こるのだろうか。一般的には、プレート運動による摩擦で揺れが起こるとされている。

地球の一番外側は、プレートと呼ばれる板のような、厳密に言えば岩石などでできた層のようなものが覆っている。大陸や海洋はその上に乗っかっているとイメージする。これらは常に微量ながら動いているので、大陸もわずかながら動いていて、過去には幾度か全ての大陸が一つにつながったこともあったと言われている。

動いているプレートの行く先は深海にある海溝という場所で、プレートはそこから地球内部に沈み込んでいる。内部に沈み込んだプレートはやがてマグマとなり、コールドプルームとして地球の中心へ沈み込んでいく。と同時に、中心で熱くなったマグマはホットプルームとして地上の方向へ上っていき、海嶺という場所から噴き出している。それがまたプレートになる。冷たいものは下へ、暖かいものは上へ動くという性質が地球全体でも行なわれており、それが地球のダイナモとなって、安定した環境を我々生き物に与えてくれている。

そして、プレートが海溝で沈み込む部分、二つのプレートが衝突し、一方のプレート(海洋プレート)がもう一方のプレート(大陸プレート)の下に沈み込んでいるところで地震は発生する。プレートは真っ平らではなく凸凹しているので、沈み込む際にひっかかる部分が出てくる。これを「アスペリティ(固着域)」と呼ぶ。要するに、プレートがプレートにくっついてしまうのだ。すると、沈み込む力によって上側のプレートも一緒に沈み込まれる格好になり、そこに力が蓄積する。ある時そのアスペリティが壊れると、引っ張られていたプレートは一気に跳ね上がり、それによって揺れが発生する。力の蓄積時間が長ければ長い程、地震は大きくなるので、まだ地震が起こったことのない場所、東海、東南海沖は地震の「空白域」と呼ばれ、巨大地震の発生が懸念されている。東北での過去の津波のデータを調べると、1000年前に一度、今回と同じくらいの津波が来たことが記録されているので、東北地方太平洋沖地震は1000年間のエネルギーを爆発させた、「1000年に一度」の巨大地震であると言われている。

これがNewtonを中心に一般的に説明されている地震のメカニズムである。多くの人がこう説明をするし、何となくこれで納得してしまっている。

けれども考えてみれば、次の地震がいつどこで起こるかということを予測するには至っていない。つまり、地震についてはあまりわかっていないということである。最近は、そこに目を向け、新しい地震の考え方を提唱する科学者も出てきている。

例えば東京工業大学の丸山茂徳先生は、全く違った説明を我々にしてくださった。丸山先生はプレート同士の「摩擦」ではなく、プレートの「破壊」によって地震が発生するとおっしゃる。プレート同士の境界には含水鉱物という、水を多く含んだ岩石が存在する。その岩石はシリカ(二酸化ケイ素)という物を固める物質を含んだ水を発生させる。その水は一分足らずで糊のような働きをして、二つの岩石、つまり二つのプレートをくっつけてしまう。厳密に言えば、二つの岩石がひとつながりの岩石になるのだ。丸山先生はこれをアスペリティと呼ばれていた。

沈み込みの力によってアスペリティにはエネルギーが蓄積され、やがて上側のプレートの先端部分が破壊される[1]。これにより地震が起こる。丁度割り箸を割ったときに、くっついた部分とは違った部分が折れてしまうのに似ている。

また、もうすぐ巨大地震が来ると予測されている地震空白域で巨大地震は起こらないともおっしゃっていた。地震空白域とは、エネルギーを蓄積している場所なのではなく、常にスムーズに沈み込みが行なわれ、アスペリティがない場所なのである[2]。だから、常に小さな地震、人間には感じられないような弱い地震が発生しているらしい。これを「ぬるぬる地震」と呼ぶ。

また『地震の癖』の著者、角田史雄は、地震はプレート運動によってではなく、地球内部にあるマグマ(マントル)の運動、熱移送によって起こると主張している。

先に述べたように、地球内部ではマグマの循環が行なわれている。暖まったマグマはホットプルームとして上昇し、地表近辺である範囲にわたって広がる。ある一点からマグマが噴出しているわけではないのだ。その熱によって岩盤が暖められ、膨張する。やがて岩盤にひびが入り、破壊が起こる。餅を焼いたときに、与えられた熱エネルギーによって徐々に膨らみ、ひびが入り、ある時そのふくらみが割れる。まさにそれと同じようなことが、プレートに起こっているというのが彼の考え方である。その熱移送にはある一定のルートがあり(彼はそれを「癖」と呼んでいる)、そのルートを把握することで地震の予知が可能になる。熱移送が引き起こすもう一つの現象は、火山の噴火である。火山活動と地震活動を順に追ってプロットしていくと、そこにはある規則性が見えてくる。それがルートであり、「癖」である。火山活動の情報を基に地震の予知が可能になるかもしれないのだ。

おそらく他にも地震のメカニズムの説明があると思うけれども、まず言えることは、今主流になっているプレートの跳ね返りの説明では地震を予知することはできない、さらに言えば、プレートが跳ね返る力では、大きな地震、特に今回の東北地方太平洋沖地震のような巨大地震は説明がつかない[3]ということであろう。それに代わる説明として、その原因は異なるにせよ、プレートの「破壊」が主張されるようになってきている。ただ、僕には跳ね返りの力と破壊の力が厳密にどれだけ違うのかイメージすることができないので、破壊を原因にしたところで説明がつくのかどうかは、はっきりと判断することはできない。

完全に予知できる理論までには至っていないけれども、多くの地震を経験してきた日本を中心に、少しずつ地震のメカニズムは解明されてきているように思う。僕はこれまでの検討を通して、おそらく地震の原因は一つではないのではないかという考えに至った。我々が立っているこの(大陸)プレートは、様々な刺激を受けている。プルームのエネルギー、海嶺から生成される新しいプレートのエネルギー、海溝での沈み込むエネルギー、丸山先生は宇宙から降り注ぐ宇宙線が地震や火山噴火の引き金になっているのではないかとおっしゃっていた。そうした様々な刺激の中に、地震を引き起こす原因がいくつかあると考えるのが自然なのではないかと思う。

地震とは地球が活動を続ける限り起こるものであり、また活動している証拠でもある。プレートの運動、あるいはマントルの運動とは、先に述べたように、地球システムのエンジンの部分である。これらの活動が我々の立っている地面に影響を与えていることは確かだ。つまり、地震は地球のシステムにおいて当然起こるものであって、その上に住む我々人間、あるいは生き物は、それと付き合って生きていかなければならないということである。それは最早宿命であり、それを受け止めて、この環境の中でどのように生きていけばよいのか、それを地震大国である日本は特に考えなくてはならない。

当たり前のことと言えばごく当たり前のことではあるけれども、この間の検討を通して僕はそのことに気づかされ、浅はかではあるけれども「地震」というものの一つのイメージをつくることができたと思っている。

それをベースに東日本大震災を考え直してみると、日本は地震大国であることの自覚が足りなさすぎたのではないかと思えてくる。建物を建てる場所、埋め立て地の扱い、原子力発電所の大量建設など、地震に伴う危険を冒してまですべきことだったのか、そこにはどのような背景があったのか、考える余地がある。今後、新しい日本をつくっていく上でも、その自覚は必要不可欠になるであろう。

そういう意味で、この間の検討は僕のものを見る視野を少し広げてくれたのだと思う。

☆人間は津波と戦えるか

今回の被災で、東北の何もかもを奪ったのが巨大津波である。もし津波が来なければ、事態はもう少しマシだったのではないかと思う。車も、建物も、人も、全てを一瞬にして倒壊させ、押し流した。津波が去った後の光景は、まさに戦後の焼け野原、何も無くなっていた。

今回は、2つの要素が津波を巨大化させた。1つは、東北地方の太平洋側沿岸部がリアス式海岸になっているということ。もう一つは、地震自体が大きかったことである。

一つは、リアス式海岸とは、湾が複雑に入り組み、入り江が連なっている地形のことである。上空から見ると、まるでのこぎりの歯のようにギザギザとした形をしている。ここに津波が押し寄せると、この入り江の部分で波が一気に高くなる。入り口が狭くなり、その中が広くなっているので、波に変化が起きるのだ。不幸なことに、東北沿岸部にはリアス式海岸が連なっていた。普段、入り江の景観は非常に美しく、宮城県の松島の入り江は日本三景にも認定される程の絶景である。僕も実際に見に行ったことがあるけれども、海が山に囲まれ、そこに太陽の光が差し込んでいる風景は、今までに見たことのない美しさであった。けれどもそれが別の場面では、自然の猛威となって人々に襲いかかってくる。

もう一つは、巨大地震との関係である。地震のメカニズムは、先に述べたようにまだはっきりとわかっているわけではないけれども、少なくとも今回の地震が非常に大きかったということはまぎれもない事実であろう。地震が大きければ、プレートが跳ね上がったにせよ、破壊されたにせよ、それ相応の力が海にも伝わる。巨大地震が津波を高くしたことは容易に想像できるであろう。

実は丸山先生は、それとは全く別の要因を主張されている。東北地方には、仙台湾という湾があり、そこには多くの川から運ばれてきた泥や砂などが堆積物として蓄積している。東北には奥羽山脈という大きな山脈があり、そこで降った雨が川となって海へ向かう。山脈と沿岸部の間には盆地があるので、川は直接海へは流れない。ただ一つ、仙台平野だけは平野なので、川が海へとつながっている。つまりそこに川が密集する形になる。そうして仙台湾には、極端に堆積物がたまることになる。地震によってプレートが破壊されると、その上に乗っていた堆積物が一気に海溝へと落下する。すると、突然堆積物があった部分の海に穴があいた格好になる。そこには当然周囲の水が入り込む。こうして津波が発生する。つまり、その堆積物を定期的にダイナマイトで落としていけば、津波を防ぐことができる、というのが丸山先生の考え方である。

けれども、このメカニズムが全ての津波に適応できる訳ではなさそうだ。例えばチリやスマトラ島でも巨大津波が起こっているけれども、それらの国の沿岸部には、仙台湾のような堆積物は見えない。

おそらく、津波も地震と同じように、様々な要因で引き起こされるものなのであろう。海底火山の噴火や、隕石の衝突で起こったという説もある。これもまた、地球システムの一部、自然の働きなのである。

それと同時に考えなくてはならないのは、津波とどのように向き合うかということである。先にも述べたように、津波の被害は地震のそれの比ではない。思っている以上に水の力、波の力は強大で、大きなビルも易々と倒し、押し流してしまう。

現在日本には、多くの堤防や防波堤が築かれている。実際それのおかげでかなり波の力を抑えられたという話もあるけれども、世界最大の防波堤があった岩手県釜石市でさえ、ひどい状態であったことは、ボランティアへ行ったときにこの目で確かめた。防波堤があってもなくても変わらなかったのではないかと思うくらい、街は散乱していた。

津波と向き合うには、その波をどのように防ぐかと考えるよりも、どのように津波を避けるか、あるいは丸山先生のように、どのように津波を起こさせないようにするかということを考えるほうが、現実的であるように思う。おそらく人間は、津波と戦うことはできない。

津波の研究はこれまでほとんどされてこなかったようだ。けれども今回、多くの人がビデオや写真を撮っていたので、それによって多くのことがわかってきている。津波の速さや強さをはじめとして、その先端部の威力、波の動き方など、細かい部分までが見えるようになった。

もしかすると今後、津波のメカニズムがより細かくわかってくるのかもしれない。けれどもそれがわかったところで、津波の力に抵抗できるかどうかは別の話である。周りが海に囲まれた島国である日本は、このこともやはり自覚し、産業のこと、人々の住居のことなどを含めた国づくりをしていかなくてはならないのではないだろうか。

☆原発事故に垣間見た、日本社会の弱体化

東日本大震災が日本において、また世界において特に大きな災害として取り上げられたのは、地震と津波もさる事ながら、原子力発電所の事故が起きたことに起因するであろう。原子力発電は、少ない燃料で膨大なエネルギーを抽出することができるけれども、大きなデメリットは、放射性物質を取り扱うというところである。放射線を過度に浴びると、ガンになる確率が上がる、あるいは遺伝子が傷つけられて子孫にその影響が出るので、もし事故が起これば放射線漏れによって大勢の人が危険にさらされることになる。さらに放射線が恐れられるもう一つの大きな理由は、放射線が目に見えないということだ。知らぬ間に浴びているかもしれないという恐怖が人々の間にはあった。

危険だとはわかっていながらも、これまでそのエネルギー抽出方法の効率性を重視し、スリーマイル島の事故、チェルノブイリの事故はあったものの、「絶対安全」を前提に人類は原発を利用してきた。その前提が崩れ去ったのである。今後、エネルギーの主力が変わるかもしれない。それで、世界中から注目されているという側面もある。

そしてこの原発事故はなにより日本に大混乱をもたらした。

地震、津波の直後、原発事故はすぐに国民的規模の問題になった。放射能を持った雨が降ってくるだとか、東京の水はもう飲めないだとか、何の根拠もない、いい加減な情報が飛び交っていた。多くの人が、そういう情報を鵜呑みにし、混乱していた。とにかく水を買い占め、遠くへ逃げようとした。聞くところによると逃げた場所が大阪である理由は、特にないらしい。関西には原発が多いので、何かあったときには首都圏よりも危険性が高いはずなのに、なぜか皆大阪へ向かった。おそらく誰かをきっかけに大勢の人が流されたのだろう。自分一人が生き残ったとこで仕方がないのに、皆我先に逃げようとした。

誰も、自分の頭で判断できなかったのである。今何が問題なのか、どうするべきなのか。自分で決められず、マスコミや他人の意見を鵜呑みにして行動する他なかったか、あるいは過剰に反応して、冷静に考える事を通り越してとにかく行動に移そうとした。当然、政府や東電が正しいデータを公表しなかったことや、科学者が適切な指導をしなかったことも混乱の原因であろう。けれども国民は国民で不適切な行動をとり、結果として社会全体が混乱に陥ってしまった。

第1部で述べたように、僕はその逆で、危険意識を全く持たずにただ生活を続けていた。これもやっていることは同じで、要するに何も考えていなかったのである。自分が今、すべき事が何なのか、その把握能力が欠けていたと言える。

丸山先生は、マスコミがどんな状況でも「安全」を叫び続け、国民を洗脳した、とおっしゃる。世論とはつくられるものらしい。

後に詳しく述べるけれども、原発が日本に導入されるときにも、世論を「つくる」という活動が行なわれていたという話がある。アメリカとの連携で、原発を利用しようという世論をつくり、原発を導入したのである。地球温暖化ＣＯ２犯人説は、実は原発推進派がつくりあげた世論であるという説もある。原発はＣＯ２を出さないからである。

いわゆる「流行り」というものもそれに似ているように思う。「流行り」があるから皆同じ物を身につけ、同じ言葉を使い、同じ行動をとる。他人と同じであれば生きていける社会になったと錯覚する。

そういう社会において、やはり自分で判断することが大切である。自分の頭で考え、自分の判断で行動できなければ、この世論と流行に満ちあふれた社会を生き抜く事は難しい。けれども実際、日本社会はそれができない人であふれている。残念ながらそのことが震災によって明らかになってしまったのである。

一方で、原発について勉強する人が増えていることを本屋で伺い知る事が出来る。この社会の中でしっかり生きている人、あるいはこれを機に生きようとしている人がいることもまた事実である。

第1部でも述べたように、なによりも、僕が自分で判断できなかったことが最も情けないことである。そんな自分にこのような文章を書く権利はないのだけれども、あえて書くことで、自覚しなければならないと思った。まずは僕自身が、自分で考え、自分で判断できるようにならなくてはならない。

☆原子力とは何か

では自分で判断するにはどうしたら良いのか。それにはやはり、学ぶことが必要である。原子力とはそもそも何なのか。本当のところ、何が危険なのか。今後それをどのように扱っていけば良いのか。知るべき事は山ほどある。

まずは根本的なところ、原子力とは何なのかということを考えてみたい。

「原子力」というくらいなのだから、おそらく原子の力を使ってエネルギーを取り出すのであろうということは見当がつく。そこで、原子とは何かということを、科学史に沿って考えてみるところから始める。

そもそも物はすべて「原子」という物で構成されている。古代の哲学者は、物の最小単位を「atom　それ以上分割できないもの」と名付け、今ではそれが原子の英語名となっている。また、物は「火」「水」「土」「空気」の４つの組み合わせによって成り立っていると考え、それを四大元素論と呼んだ。物を形作る粒が原子、その種類が元素である。物の本質の探求は古代から行なわれていたのである。その後は錬金術の中で元素が扱われるようになる。そこでもやはり、物の根源は3つであると考えられていた。

時は流れて17世紀、ロバート・ボイルが、物質の根源を改めて問い直した。物の根源は3、4種類に限定されるのではなく、もっと多くの元素から物質は構成されていると考えたのである。その頃から、徐々に元素が発見されていった。１８６９年には、メンデレーエフが周期表を完成させ、それまで発見された元素の仕組みと関係を整理、および未発見の元素の予測を行なった。

19世紀前半には、イギリスの化学者ドルトンが原子説を初めて提唱した。物質の最小単位は原子というものであり、それは元素と同じ数だけあると考えた。つまり原子量という考え方をもつくりだしたのだ。

19世紀後半、イギリスの化学者トムソンが電子を発見し、20世紀前半には、トムソンの弟子であるラザフォードが、「原子核」なるものを発見する。ラザフォードは、α線という放射線を金属の板に当ててみると、本来ならすべてのα線が通り抜けるはずなのに、なぜかいくらかのα線が軌道をずらされたり、あるいは跳ね返ってきたりすることに気がついた。そこから、原子はさらに分割できるのではないかと考え、原子核の発見に至った。金属原子の原子核にα線が当たっていると考えたのである。ラザフォードは原子核と電子の考え方をもとに、惑星型の原子モデルを確立した。中心に原子核という動かない物質があり、その周りを電子というさらに小さな粒が回っているというモデルである。「原子はそれ以上分割できない」という常識が崩れ去ったのだ。

さらに、彼は原子核の内部構造まで予測していた。原子核とは、「陽子」「中性子」でできている。陽子はラザフォード自身によって、中性子は彼の教え子であるチャドウィックによって発見され、原子核の正体が明らかになった。先に出てきた原子量とは、この陽子と中性子の数、つまり原子核の重さのことを意味している。また、陽子は＋の電荷を、電子は－の電荷を帯びており、どんな元素もそれらを等しい数もった状態でバランスをとっている。

１９１３年、デンマークの物理学者ニールス・ボーアが、電子の円軌道モデルを確率した。電子は、何の規則性もなく飛び回っているのではなく、ある軌道上を回っているというモデルである。その軌道の中で回れる電子の数は決まっている。一番原子核に近い軌道（K殻と呼ぶ）では電子が２つまで回れる。その一つ外側の軌道（L殻）では電子が８つまで回れる。ここにはある性質があり、軌道が電子で埋まっていればその原子は安定し、軌道上の電子が少なければ少ない程不安定になっていく。不安定な原子は安定したがる性質をもっており、その結果として、他の原子と結合したり、自ら電子を飛ばすなどして変化したりする。このような原子の変化を「化学変化」と呼ぶ。

エネルギーは、基本的にこの化学変化によって生まれる。例えば植物は、太陽の光を使って、二酸化炭素と水を化学変化させ、糖というエネルギーをつくりだす。動物は植物や動物を食べ、取り込んだ酸素でそれらを燃やし、エネルギーをつくりだす。これも化学変化である。

一方、リーゼ・マイトナーとオットー・ハーンによって発見された、「核分裂」は「物理現象」である。マイトナーはハーンから、ウランに中性子を当てると、バリウムという軽い元素に変化するという手紙を受け取った。彼女は、原子核が二つに分裂したのだと考えた。さらにそれを計算してみると、分裂の際に膨大なエネルギーが放出されていることに気がついた。実はこれが「原子力」である。このときに放出される(熱)エネルギー を利用して水を沸騰させて水蒸気に変え、それでタービンを回して発電するのが原子力発電所である。ちなみに発電とは基本的に、電気でモーターを動かす作業の逆、つまりモーター (タービン)を回して電気を発生させるという仕組みで、火力発電は物を燃やした火で水を蒸発させタービンを回し、水力発電は落下させた水の力でタービンを回している。原子力発電とは、水を蒸発させる原料が原子力であるという簡単な話である。

さて、原子力には、核分裂反応の他にもう一つ反応の仕方がある。太陽の表面で常に起こっている、「核融合」である。核融合とは、軽い原子が非常に高い密度の状態にあるとき、原子核同士が引き合う力(核力)が反発する力(クーロン力)をこえることで、それらが融合し、重い原子に変化する現象のことである。

言葉にすると納得した気になってしまうけれども、勉強していくうちにこの原子力というものを発見したこと、そしてこれをエネルギーに利用しているという事実は、大変不可思議なことであると感じるようになった。

そもそも物の変化とは、原子同士の結びつきの変化によって生じる現象である。核反応はそれとは次元の違う現象で、原子それ自体に働きかけ、一つの原子をそれ単体で変化させてしまうのである。自然の中でそれをエネルギー源にしているのは我々の身近ではただ一つ、太陽のみであった。

太陽がなぜあれほどのエネルギーを持っているのか、何が燃えているのかは、昔から人々の間で疑問であった。当時身近にあった「燃焼」は、石炭だったので、太陽には大量の石炭があるのではないかと考えた事もあったようだ。その後化学の研究が進んでも、太陽のエネルギー源の謎は一向に解決できなかった。それほどに膨大なエネルギーを持っているのである。その問題を解決したのが、原子力、核反応であった。

良い悪いという判断は抜きにして、つまり原子力発電を使うということ、原子力をエネルギー源にするということは、小さな太陽をつくり、管理するということである。どうも、原子核が分裂して、エネルギーが取り出せたという単純な話ではないようである。

☆何が僕を生かすのか

地球に太陽をつくって、もし制御がきかなくなれば、危険なことが起こるのは目に見えている。放射線は一定の照射量であれば無害で、むしろ免疫がついたり、それで元気になったりすることがあるようだ。それにしても放射量が限度を超えれば危険であるに決まっている。がんの確率が高くなるどころか、浴びた時点で死ぬ事だってあり得る。そのことを考慮した上で、原発利用について考えてみたい。

最近は、原発利用の反対の声をよく聞く。イタリアでは国民の94％が原発反対を訴えたようだ。実際は、イタリアに原発はないという話だけれども、それにしてもその利用を反対するイタリア人がほとんどであることは確かだし、またそのことを隠して国民投票の結果のみを広めようとするメディアの様子を見ると、やはり反対世論ができつつあるように思える。僕の周りの人でも、反対する人が結構いる。

僕は、危険だからやめるというのは短絡的な議論であると思う。もともと、危険であることはもちろん了解の上で、原発の利用が開始されているはずである。エネルギー効率が良いという理由だけで始められる訳がない。

原発の利用には「安全」が前提になっているはずであった。操作ミス、自然災害などの事故の原因になり得そうなことはすべて考慮し、対策を立てた上で成り立っているはずであった。けれども今回の福島原発や過去の原発事故ではその前提が覆されたので、人々は恐怖を覚え、原発反対を唱え始めるのであろう。

ではなぜ、電車の事故が起きても電車を廃棄しないのか。車の交通事故が起きても車を手放さないのか。飛行機が落ちても飛行機に乗り続けるのか。横瀬先生はそうおっしゃっている。考えてみれば、周りは危険に、人工物に囲まれている。いつ死んでもおかしくない状況の中で皆生きている。それはまぎれもない事実であろう。その中で原発の利用だけをやめたところで、危険が消える事はない。ある意味、危険と付き合っていかなくてはならない。どうやって安全に使っていくのか、人類はそうやって改良を重ねて来た。原発に関しても同じ事が言えるように思う。いくら改善してもその時はやめればいいと思うけれども、今、事故が起きて危険だということがわかったからと言って、突然やめるというのはあまりに短絡的である。

なぜ原発の利用だけが批判されるのだろうか。僕は、原発があまりに人々と離れすぎていたことが問題であると思う。

当然、原発関係に携わる人々にはきちんとした教育がされていなくてはならなかった。

けれども、その運営には携わらない我々も、もっと知らなくてはならないことがあるように思う。我々の生活の基盤である電気をつくりだしているにも関わらず、我々はそれが何によって、どのようにつくられているのか、ほとんど知らなかった。僕に至っては原子力発電の存在すら知らなかった。知らないことほど恐いものはない。どうすればいいのか、皆目見当がつかないのだから。

これまでの検討をする中で、僕は今まで、自分が一体何によって生かされているのか知らなかったのだということに気づかされた。ふと周りを見渡せば、ほとんどの物が、電気の安定した供給によって成り立つ物ばかりだ。我々が普段、それらをどれだけ無意識に扱い、またどれだけ無自覚に生活をしているのか、そのことを誰しもがこの震災で感じたのではないだろうか。否、そのことに気づかなくてはならない。それが一番の問題であったように僕は思う。

ウランは、残り80年分しかないという話を聞いた。もしその数字が間違っていたとしても、ウランが有限であることに変わりはなくて、いずれ原発は使えなくなる。そのことを考えれば、新エネルギーの開発をしなくてはならないだろう。

ただ、新エネルギーを使うにしても、原発を使い続けるにしても、我々がもっと自分の生活に、「生きる」ということに自覚的になることが最も重要なのではないだろうか。「何か」によって生かされていてはいけない。

何に生かされているのだろう。電気だけではないはずである。今後もさらに検討を続けていく必要がある。

☆住むということを自覚する

被災地でなくともできること、それが「明日は我が身」という意識を持って学ぶことであった。まだ知り始めたばかりで、脚注にも書いたように課題は山積みである。

勉強する一方で、被災地を実際に訪れる機会を何度か得る事ができた。実際に足を踏み入れる事で見えてくるものが当然あり、それは思っていた以上に重く、考えさせられる光景だった。けれどもより鮮明にこの震災をイメージし、受け止めることができたのも事実である。

5月1日、僕はNeo ALEXに滞在するため、開通したばかりの東北新幹線で仙台へ向かった。仙台駅周辺は津波の被害はなかったらしいけれども、大地震によって被害を受けたと聞いた。駅もめちゃめちゃになっていたらしい。けれども仙台へ到着してみると、半年程前に来た時と何ら変わらない街が目の前に現れた。駅の外側は修復工事をしているのか、布で覆われていたけれども、いつものように夜はきらびやかに装飾され、若者でにぎわっていた。本当に被害を受けたのかと疑ってしまうほどに、いつもの仙台がそこにあった。後に聞いた話では、どうやら仙台駅周辺にも未だに入れない場所があったらしいけれども、わずか1ヶ月と少しでここまで「いつも通り」を取り戻せるのかと驚いてしまった。

利府もやはりいつも通りであった。道路や建物に多少の破損が見られるものの、いつもと変わらない、穏やかな雰囲気が流れていた。

けれどもそれは、仙台や利府が海から離れた高台に位置しているからであった。海岸に近い被災地では、やはり津波によって多くの命が海に飲み込まれていったことが肌で感じられた。

例えば海沿いの地域では、形としては残っている家が多かったけれども、どの家も1階は完全にぶち抜かれていた。街は足の踏み場などなく、自衛隊がつくった細い道を通るのがやっとであった。また、線路が砂に埋もれていた。砂浜の砂で、貝殻がたくさん混じっていた。海の砂がそこまでやってきたという事実は誰の目から見ても明らかで、僕はその時初めて、海の水が陸の奥の方まで襲ってきたことを理解した。それと同時に、周りの崩壊した街の様子がやたらとリアルに感じられた。大きな赤ん坊がやってきて、街で遊んで帰っていったのではないかと半分本気で思っていたけれども、本当に海の水が街を襲ったことがようやくわかり始めた。

防潮林であった松林も見た。木はほとんどなぎ倒され、根こそぎ移動されているものもあった。ひどいものは少し離れた建物の上にのっかかっていた。後にGoogle Earthでその場所を見るまで、そこが松の木で埋め尽くされていたことがわからなかった。

津波の被害を受けた場所では、海はまだ見えていないのに、瓦礫の山が見え始めてくる。水は形を変えて、行けるところはどこへでも流れていく。それもまた恐ろしいところの一つである。

海岸近くでは、僕の想像をはるかに越えた光景が広がっていた。その場に居合わせずとも何が起こっているのかをイメージすることが「当事者意識」であるというお話が横瀬先生からあったけれども、やはりそれにも限界があると確信した。もちろんある程度は想像することは出来るし、しなくてはならないと思う。今までの経験から類推することも必要であろう。僕が今までにそのような経験をしたことがなかったということも大きな要因であるとは思うけれども、それにしても現地を訪れ、自分の目で見て、肌で感じることには及ばないと直感的に思った。圧倒されて、その瞬間は冷静にものを考えられる状態ではなかった。おそらくここに書き記すのは、その後車中で頭の中を整理した上で出てきた言葉なり、感覚になるであろう。

海岸近くは工場などの大きな建物も多かったけれども、どの建物も流されているか、骨組みだけが残っているかのどちらかであった。工場が多いせいか、鉄の板や棒が一面に広がっていて、訪れたその時も自衛隊の人たちが着々と片付ける作業を行なっていた。それを見ていた僕には、その瓦礫の山がいつ片付くのか、見当もつかなかった。

最近はボランティアに行く人が増えているらしいけれども、その瓦礫は人間の手で片付けられる物とは思えなかった。

また、「なにもない」という言葉がそのままあてはまるような場所もあった。全ての物が瓦礫と化し、辺り一面、なにもない光景が広がっていた。死んだ魚が腐っているのか、悪臭が漂っていた。街全体が腐ってしまったように思えた。どこを見ても瓦礫の山。津波というのは、単に水が押し寄せてくるのではなくて、水が押し流した土砂や瓦礫が襲いかかってくる。目の前に散乱している大きな鉄の塊が自分に襲いかかってくることを想像すると、寒気がした。生き残っていられる気がしない。なんとなく、水が襲いかかってくるくらいなら万が一のみこまれても助かるのではないかと思っていた自分の愚かさに気づかされた。

ニュースや新聞では被災地を部分的にしか映さないけれども、実際に足を踏み入れ、全体を見渡してみるとあることに気づく。それは、津波がどの高さまで街をのみ込んだのかということ。ある高さより上には人が住んでいたし、建物も何の被害も受けずに平然と建っていた。それは、どこへ行っても同じことが言えたはずだ。

今後の具体的なことを考えてみると、おそらく今までのように海沿いに人が住むことはできない。いくらそこに愛着があるとか、そこが美しいからと言っても、日本という国は地震と津波の国で、今後も幾度となく襲ってくる、言わば宿命であることを考慮すれば、そこに人が住むという選択肢はあり得ないだろう。日本に住むのならば、海沿いは愚か、ある一定の高さにしか家を建てることはできないだろう。横瀬先生はこのことに対して、今後は高台に家を建て、工場や会社を海沿いに建てる。個人漁ではなく、ある組織に集約させた漁業を行なっていかなくてはならないとおっしゃっていた。

僕がその場にいたときには、すでに日が暮れ始めていた。夕暮れをぼんやりと見つめながら、こんな場所でも日は昇り、沈むのだとふと思った。生き残った植物は、津波の流れが目に見えるかのように傾いていたけれども、それでも花を咲かせるものも見受けられた。大地震や大津波はおそらく、今までに幾度となく繰り返されてきた。けれどもそれは自然と言えば自然な話で、太陽はお構いなしに昇っては沈むし、生き残った花はいつものように花を咲かせる。考えてみれば地震も、地球の大きな流れのなかで起きていることであって、地球が活動している限りは、当たり前のことなのだと実感し、このことはもう受け入れるほかにどうしようもないものなのだと思った。

少し高台になった場所から街を眺めてみる。とても寒かった。初めは夜になって気温が下がったことが原因だと思ったけれども、それ以上に、僕は街の静けさに、寂しさに寒気を感じていた。人がいないこと。明かりがついていないこと。建物が逆さになり、つぶれた車が建物の上でひっくり返っていること。そこで大勢の人が一瞬にして消えてしまったこと。そういうものが全て重なって、直感的に、寂しい街だと思った。そこには最早人が住んでいた面影もなかったし、これからも人が住むべき場所ではないと感じた。

帰り道、明かりが見えてくると、なぜかとても安心した。明かりというものは、何もあたりを明るくするためだけのものではなくて、暖かさや、安心感にも関わってくるものなのだということに気づかされた。普段、電気とは何なのか、人間にとって明かりとは何なのかということを考えずにそれを使っている自分が情けなく思えた。

被災地を回って、僕は2つの境を見た。

先に、被災地でも日は昇り、沈むものなのだということを感じたと書いた。この時の感覚を言葉にしてみると、僕はそのときに「人工」と「自然」の境を見ようとしていたのだと思う。これが一つ目の境。

辺り一面が瓦礫の山。「何もない」という言葉でしか言い表す事ができない光景だった。その中でも、緑は美しく風に揺られ、鳥が優雅に舞い、大きな海は何事もなかったかのように静かな波を立て、太陽はいつものように昇っては沈む。自然が良くて、人工が悪いということを言おうとしているのではなくて、ただその境をはっきり感じてしまったということである。ただ、自然にとってはこのことすら「自然」のことであって、それを自然に受け止められない人間は随分と自然から外れてしまっていることは確かであろう。

もう一つは、被災した場所と被災していない場所の境。残酷であるけれども、その境で、両者の光景は全く違っていた。ある高さから上は、いつも通りの生活がそこで営まれている。それより下には、最早原形をとどめていない家や車がころがっている。

我々は住まわなくてはならない。家を建て、施設を建て、村や街をつくらなくてはならない。けれどもそれは、単純に建物を建てれば生活ができるという話ではない。「住む」ということ一つとっても、様々な事が絡んでくるのである。

まずここが地震大国、日本であるということ。地震に耐えられなくてはならないし、津波が来ない場所に建てなくてはならない。また、東北沿岸はリアス式海岸であるということ。景観は美しくとも、時には自然の猛威となって襲いかかってくる。

高さも大切である。被災地を見ると、それを痛感する。

地盤のことも考えなくてはならない。この震災で、関東も被災したのは、埋め立て地で液状化現象が起きたからである。埋め立て地とは、言ってみれば人工的につくった陸地である。そこに住むのと、岩盤の上にすむのとでは圧倒的な差が出る。

「住む」ということは、実は様々なことが複雑に絡み合って成り立っている。2つの境を目の当たりにする中で、それをずっと感じていた。僕は何も知らずに17年間、家に「住み」続けてきたのだと気づいた。これもまた、僕を無自覚に生かしていた一つの「何か」であった。

そして、実際に足を踏み入れ、五感を研ぎ澄ましてその場を、その場で起こった事を想像することで見えてくるものがあり、それほど説得力を持つものはないと感じた。

☆日本の復興に向けて——ボランティアという立場で

7月15日から17日にかけて、今度はボランティアという立場で被災地を訪れた。ヨハネ研究の森の生徒である塩澤さんのお父さんの会社が組織したボランティアチームに生徒10名ほどで参加させていただいた。立場が違うと、当然の事ながら見え方も気づくことも変わってくる。

場所は岩手県の釜石市。3月11日から約4ヶ月が過ぎた今も、ほとんど手つかずの場所である。水は通っていて、幸運なことに銭湯にまで入ることができたけれども、街を歩くと、信号は未だに止まったまま、建物は津波がやってきたことをイメージできてしまうほど、無惨な姿になっていた。波の塩の跡があらゆる壁や電柱に見られた。ボランティアチームは、高台の公園にテントを張り、そこを拠点に海岸の瓦礫撤去へ向かった。

作業は、２日間瓦礫の仕分け。炎天下の中、ひたすら瓦礫を瓦、鉄、可燃物などに分けていった。当然その場所も手つかずで、津波が去っていた後のそのままの状態であった。

　ボランティアに参加していた他の人も言っていたけれども、時々、作業の手が止まった。被災者の手紙や写真が出てくるからだ。その他、衣類、飲食物、ノート、カバンなど、生活用品が大量に散乱していた。津波の直前までそこでいつも通りの生活が営まれていたことがありありと目に浮かんだ。津波が来るその瞬間を否応無く想像させられた。それらを受け止めながら一つひとつ仕分けしていくことで、さらに鮮明に被災の状況を知る事ができた。その時には何かを学んで得をしたという感覚ではなく、少しでもここで多くのことを知って、二度と同じようなことを起こさないようにしなくてはならないという気持ちのほうが強かった。

　ブルドーザーで、一気にすべてを処分する事もできる。法律の問題でそれができないというのが理由だろうけれども、そうやって手作業で行なうことにも意味があると思った。瓦礫の山であっても、そこには人が住んでいて、様々な思いや思い出が込められているはずである。なによりそこが彼らにとっての「帰る場所」である。もちろん、見つかる物などほとんどなくて、慰めにも何にもならない。けれども、自分が彼らになったら、と考えると、時間がかかっても手作業で片付けをすることには意味があるように思えた。

　そんなことを感じながら作業をひたすら続けた訳だけれども、正直なところ、この作業が東北にとってどれだけ意味にあることなのか、実感し難かった。たかが一区域の瓦礫の仕分けをしたところで何になるのか。そんな考えが頭をよぎる事もあった。それでも誰かがそれをやらなくてはならない。誰かがやらなければ何も進まない。

今東北で行なわれているのは、「片付け」であって「復興」ではない。塩澤さんもおっしゃっていたけれども、僕もそれを痛感した。新しい国づくり以前に、片付けが終わっていないのである。それが終わらない限り日本は、東北は生まれ変われない。だから、たかが一区域でも、この作業がやはり必要なのである。

今何が求められているのか。そのことに目を向ける必要がある。いくら「頑張ろう」と叫んでも、いくら節電をしても、日本は復興することはできない。片付けが終わっていないのである。

その点で、塩澤さんの行動力は尊敬すべきであると思う。今必要なこと、我々一般市民にできることは何なのかを見極めた上で、チームを組織し、被災地とのやりとりをした上でボランティアを行なった。ただ助けたいという気持ちや志を持つだけでなく、冷静に判断することも重要な力であろう。

日本は新しく変わっていかなくてはならない。太平洋戦争での敗戦後、日本が一丸となって急成長したように、抜本的な組換えをして立ち直す、否、これまで以上に発展しなくてはならない。僕にも、今まで見えていなかった様々なことが見えてきたと思う。ボランティアに一度参加するだけでも、多くの事が見えてくる。海のすぐ近くに住居があるということ、建物の建て方が古くて強度に問題があったということ、家の屋根の瓦をつなぐ接着物質が重すぎて家がつぶれたらしいということなど、多くの問題が見えてきた。エネルギーに関しても同じことが言える。ただ元通りにするということではなくて、これらを踏まえて発展していかなくてはならない。人類は今までそうやって繁栄してきているのである。

　その為にも、まずは片付けをしなくてはならない。これは何の技術も必要なくて、健康体で、自己完結型の生活さえできれば誰でも参加することができる。今後の日本をつくっていく一日本人として、僕はできることならこれからもボランティアに参加していきたいと思っている。

☆「学ぶ」と「生きる」を問い直す

　３月11日からの約４ヶ月で、僕自身は大きく変わったのではないかと思う。振り返ってみると、実に濃い４ヶ月であった。考え方はめまぐるしく変化し、机の上でも、被災地でも多くの学びをした。この一連の活動の中で、見えてきたことがある。

　学ぶことで人は生きるということ。それを改めて感じた。

　人類は様々なものを手にし、ある立場から言えばものすごい発展を遂げた。何一つ不自由無く生活できる社会が出来上がった。僕はその中に生まれた。その中で育った。この生活が当たり前であって、それを疑った事はなかった。

　けれどもそれは言い方を換えれば、何も知らずに生きていけてしまうということである。自分が使っているもの、住んでいる場所、その他自分に関係のある多くのことを知らずとも、働けばお金が手に入るし、お金が手に入れば食べ物を買える。食べ物があれば生きていける。そんな社会が成り立っていて、そんな社会の中で我々は生きている。

けれどもそれは、厳密に言えば「生きている」わけではない。「生かされている」のである。自分が知らない何かによって、生かされているのを、あたかも自分が生きているかのように錯覚しているのである。僕はそのことをこれまでの検討の中で強く感じた。

生かされている人は、その人を生かす「何か」がなくなったときに生きていくことができなくなる。電気に依存していた我々は、この震災で生きられなくなったとまでは言わないけれども、生活が非常に困難になったし、社会全体が混乱した。「生かされていた」証拠である。

けれども、地球に住んでいる限り、我々生き物は生かされることになる。生き物は地球の変動に翻弄されて進化してきたわけだし、地球がなくなれば我々も当然消えてしまうからである。「生かされる」ことを完全に脱する事はおそらく不可能だ。それは受け止めるより仕方がない。

重要なのは、それを自覚することである。自分が使っている電気はどこでどのようにつくられているのか、自分が住んでいる家はどのような構造になっているのか、どのような地盤の上に建っているのか、自分が住んでいる地域はどのような地形なのか、日本とはどのような島なのか、地球とはどのようなシステムになっているのか。それを学ぶことで、つまり自覚的になる事で、「生かされる」生活をほぼ乗り越えられる。今回のような災害が起きても、ある判断を下す事が出来る。出来ない者は死ぬしかない。

学ぶことなしに、生きる事はできないのである。東日本大震災は、僕に「生きる」こと、「学ぶ」ことを問い直させてくれた。この作業もまた、学ぶこと、生きることである。

1　プレートを接着するアスペリティの力はどれほど強いものなのか、上側のプレートを破壊するほどの接着力なのか。
2　何がアスペリティの場所を決定するのか。どこがくっつきやすく、どこがくっつきにくいのか。
3　プレートの跳ね返りによる力と破壊による力は、厳密に言うとどれほど違っているのか。おそらく物理学的な観点から検討する必要がある。

本に囲まれて読む

② 震災から今日までの日々を振り返る

暁星国際学園　ヨハネ研究の森コース　高校3年　塩澤　真実

☆2011年3月11日、震災当日

その日、私はヨハネ研究の森コースの一室で、同じ研究課題を持つグループの仲間たちと、資料のまとめや文章を書くなどの活動を行っていた。グループとして提出する文章の締め切りが近く、時折冗談が飛び交い、それぞれが自分の仕事に取り組む中で、それは起こった。

はじめて揺れに気づいたのは、誰かが発した「地震だ。」という声によってであったと思う。わりと緩やかな揺れだったので私を含めその場にいる全員が、たいしたことはない、と高をくくっていた。だが、妙に揺れ幅が大きく長く続いているな、と思ったその瞬間、突然の激しい揺れが全体を襲った。

すぐにほとんどの子は机の下に入り、一部の子が窓や扉を開けるなどの処置をして揺れが治まるのを待つ。このように迅速な行動ができたのは、日本における地震教育と地震経験の多さの賜物であるだろう。地震の最中には近くにあった物がいくつか倒れたり、停電になったりするなど肝が冷えるような場面もあったが、誰一人として怪我をすることもなく地震の「第一波」は過ぎ去った。

その後は普段あまり起こらないような大きい揺れに困惑しながらも、これからどうすべきか、停電しているがどうなるのか、この地震の震源は、震度は、遂に関東大震災か、余震はまだか、などと口々に周りと話し合っていると、案の定少したってから地震の「第二波」がやってきた。「第一波」での驚きや恐怖があったからか、「第二波」の時は比較的に落ち着いた行動がとれたと思う。「第二波」も収まった頃、先生が全員の安全確認を済ませ、ラジオを持ってきて地震の情報を知らせてくれた。

この時点での情報は、地震が宮城県沖で発生したものであり、かなり大規模なものであること。そして、その被害状況の全貌は分からず、学校内における被害で言えば校舎・寮は停電し、それによって電気、風呂、インターネットなどの使用が不可能な状況となっているということだった。

地震後、私たちには寮での待機が指示され、各自部屋へ戻ってからは同室のメンバーと非常用袋、靴、懐中電灯を手元に置き、時折他の部屋から聞こえてくるラジオの緊急地震速報にびくつきながら、支給された蝋燭を囲んで時間を過ごしていた。電気が使えないことへの不便さが、お互いこれからどうなるのだろうと不安になる気持ちに拍車をかけたが、その時はまだこの地震の本当の恐ろしさなど何も理解しておらず、私が事態の深刻さを知ったのはその日の夜、弟が入院していた病院のテレビ映像からである。

☆当たり前に存在していたものが失われて

同じ学校に通う中学二年の弟は、骨折によって地震の日の一週間ほど前から学校近くの病院で入院生活を送っており、私は先生からの勧めと助力もあって、病院まで弟の様子を見に行くことになった。幸い病院は頑丈な造りで何事もなく、また市街地にあるため停電などのライフラインにも支障がなさそうだったので、私はすぐにでも学校へ戻ろうかと考えた。だが、地震に関する詳細な情報を知りたいこともあって今しばらく留まることにし、病室にあるテレビの電源をつけた。

テレビをつけた途端、畑や住宅を飲み込む津波の光景が、いきなり目に飛び込んできた。私はあまりのことに一体何が起きているのか分からず、瓦礫をたくさん混じらせた黒いもの（津波）が、画面を塗りつぶしていくようなその光景を茫然としながら見ていた。

我に返って他のチャンネルに切り換えてみると、次に目にしたのは市原市の石油コンビナートが爆発、炎上している光景だった。どうなっているのか信じられない気持ちで、すべてのチャンネルを片端から回し見ていくと、どの局でも東北一帯を襲う津波の姿や、この地震が国内観測史上最大規模の地震であることが報道されていた。（この時はまだ福島第一原子力発電所の事故は報じられていない。）

あの地震が、まさかこれほど凄まじい事態を引き起こしていることなど全く想像もつかず、これらの映像を一緒に見た弟とは、お互い驚愕の声が出るばかりで、その後も一時間ほど、ひたすらテレビから映し出される映像にかじりついていた。

何よりも私が驚いたのは、宮城県が震源にも関わらず、地震はほぼ日本全土で起こっており、それに伴って殆どの都道府県で津波警報、しかも北海道から静岡までは大津波警報が出されているという、その規模の大きさである。そして同時に、宮城の地にいる友人たちは無事かどうかが心配になって仕方がなかった。

宮城にはヨハネ研究の森がその創設時にモデルとした「ネオ・アレックス」という横瀬和治先生が運営する私塾があり、現在もここではたくさんの人々（主に十代から二十代）が、共に生活をしながら学びを続けている。私も学校が休みの期間に通ったことがある場所で、ネオ・アレックスの人たちと日々一緒に暮らしたり、たまに仙台や松島へ行くなどして楽しんだりするなど、そこでの友人たちや宮城の地での思い出は多い。その時はすぐにでも無事の知らせが聞きたかった。（後日、ネオ・アレックスは家具や膨大な本たちが倒壊したが、建物自体や何よりネオ・アレックスの人々に怪我などはなく、皆無事だということを知り、ひとまず安堵した。）

病院から帰ると、学校ではまだ停電が続いており真っ暗だった。暗い寮の中で就寝の準備をしていると、電気が使えないということが、こんなにも不便で心細いものなのかと身にしみて感じる。電気というものが、日々の私にとっていかに当たり前に存在していたのか、そして、当たり前のように存在していることについて、何も考えずに頼りきっていたのかを痛感した。

それから二日後、学校側から緊急帰省の旨が伝えられ、私たち研究員は少し早めの春休みを迎えることになる。

☆「東日本大震災」を検討する

早めの春休みを、私は実家で過ごすことになった。そして、家へ帰ってニュースを見ると、世間は福島第一原子力発電所の事故の話題でもちきりだった。

テレビは現場からの中継映像を流すとともに、東京電力や政府が繰り返し事故の被害が大したことではなく安全だと主張している。だが、爆発したタービン建屋の跡は外観だけでも私の不安を煽ったし、内部の冷却のために行われている作業の様子は何とも頼りなく思えた。(ヘリコプターに水の入った大きなバケツのようなものをつけて飛ばし、原子炉にかけるという作業を見ている時は、特に心細い思いをした。)

この福島第一原子力発電所の事故を受け、学校側では予定する学校再開日や学校行事などの延期が懸念されていたが、校長先生のお考えによりすべて通常通りに行う運びとなった。春休みを終え、ふたたび気心知れた仲間と顔を合わせることができた安心感に包まれながら、私たちは新年度と新入生の迎え入れをするべく、帰寮早々準備に取り掛かった。

それらの動きもだいぶ収まる頃、学校では新入生のオリエンテーションを兼ねた短期の特別研究が行われた。今回のテーマは〝東日本大震災〟となり、このテーマが発表されるにあたって、横瀬先生から全体に向けてお話があった。

「休みの期間中新聞やテレビの情報などで、この震災の凄まじさはよく感じていると思うが、しかし本当のところ一体何が起きているのか把握できていないというのが私たちの現状である。例えば津波の驚異というのが映像でも分かったが、そもそも津波のメカニズムとは一体何かいうことや、福島の原発事故で東電や政府の発表でよく出てくる、シーベルトやベクレルなどの単語の意味をちゃんと理解している人がどれほどいるか。震災後にメディアで取り上げられた大衆を煽るようなことを、そのまま鵜呑みにして恐い恐いと騒いでも、事態は何も変わらない。こういう時こそ少し知的に、一体それがどうなっているのだろうと真っ向から向き合って考え、それによって次に備える当事者意識をつくることが、今の君たちに求められていることなのではないか。」

こうして東日本大震災の検討はスタートし、四月の前半は主にまず東日本大震災についての概要を知ることから始まった。そして四月後半から五月は原子力発電に関することを多くの書籍や映像、時に映画などを資料に学んでいった。

その後、ゴールデンウィーク中に寮から帰省する時には、春休みには行くことが叶わなかったネオ・アレックスへ行けることになった。ネオ・アレックスは宮城県の仙台に近い利府町という所にあり、地図で見るとかなり太平洋側に位置する。だが、高台にある土地なので津波の被害は比較的少なかった。

この利府の町、そして仙台は私が現在の学校に中学生で通い始めた頃から、大型連休の度に訪れていた馴染みのある場所なので、それらの町が今回の大地震による被害に遭ったことには全くもって他人ごとではない、ひどく心苦しいものがあった。

高台の利府町は被害が少なかったものの、海岸沿いの地域では津波の影響を大きく受けていた。津波による被害で惨憺たる有り様となった町々の光景には言葉もない。ねじ切れた鉄筋、夥しい数の廃車、家々は僅かな土台の部分だけを残してあたりは瓦礫が一面を覆い尽くす、まるで現実味のない世界がそこには広がっていた。その時の私はもう一切何も考えられず、ただ茫然とあたりを眺めていることしか出来なかった。

今もあの光景を鮮明に思い出すことができる。特にあれらの地を歩いた時に漂っていた「匂い」は一生忘れられない。

☆ボランティア活動を考える

日本列島を広域にわたって襲った東日本大震災から約二ヶ月が経った5月11日〜13日の二日間、私は自身の父が企画する、東北支援プロジェクトのボランティア活動に参加できることになった。

このボランティア以前にも、震災後の東北に一週間ほど滞在し、その現状を目の当たりにしていたので、再び東北へ行くことの不安というものはあまりなかった。だが、正直なところ「ボランティア」ということへの参加には、あまりにも悲惨な現地の被害、また被災地で起こっている数々の問題を間近に見ていたので、不安と疑問の気持ちがあった。

どう考えても人間の力ではあの凄まじい瓦礫の山を撤去するのは不可能だし、また私たちが行くことで現地の方々に迷惑がかかることがあるかもしれない。ボランティアといえども、ただ単に良い経験になるから、ということでは軽々しくて絶対に行ってはならないと感じていた。何か助けになりたいから、力になりたいからという思いも大切ではあるが、その「思い」の部分だけでは無責任なのではないかと考えたのだ。

例えば、現地でのボランティアではまず「自己完結能力」というものが必須である。宿泊場所から食糧、水、トイレといったあらゆる生活の局面で一人一人が現地の方々にご迷惑にならないよう最低限でも準備し、まかなわなくてはいけない。「ボランティアに来ましたから食事を出してください。」「寝る場所を用意してください。」などは話にもならないのだ。

自分の面倒は自分で見る、これは本当に当たり前のことだが、振り返ってみると、それが私たちの普段の生活の中で実践されているのかは疑問に思うところがある。人間は他人の助けがあってこそ生きていられるものだが、何かと自分のことを他人任せにしてしまっている部分があるのではないだろうか。改めて考えてみると、この「自分の面倒は自分で見る」ということは存外難しいことである。

またこれに関係して、現地での怪我や病気に気を配ることも忘れてはならない。被災した町全体を覆う瓦礫からはアスベストが使われていた建物の残骸なども発見されており、海から津波によって打ち上げられたヘドロなどの有害物質が大気中をまっている。その瓦礫撤去やヘドロ撤去の作業中には、散乱する釘などを踏み抜いて破傷風に罹ってしまう危険性もある。これらの数多くある危険に対して、できる限りの万全の準備（常備薬、消毒液、健康保険証から防塵マスク、安全靴の用意など）をして臨み、それなりの覚悟を決めておかなくてはならない。これもまた「自己完結能力」の内である。

最後に一番重要な事として、自分がボランティアへ行くことのしっかりとした心構え・志と、それに見合った体力があるかどうか、その自己分析と決意を固めるということが必要である。ボランティアをすることは本当に素晴らしいことだが、「偉い」ことではない。まかり間違っても「自分はボランティアをしてあげているのだ。」とか「ボランティアをしに行ったのだ、すごいだろう。」といった慢心の気持ちを持っているなら、はっきりいって私はボランティアなどやらない方が良いと思う。あくまでもその町の復興というのはその町の人々が主役であり、私たちには微々たる力しかないのだから、そのお手伝いを「させていただく」という心構えが大切だと考える。

また現地にはすでに沢山のボランティアの方々が駐在し、日々活動を行っておられる。これは本当に素晴らしい、すごいことだと思う。ただ、先ほど「自己完結能力」ということを書いたが、それは決して独りよがりになれ、ということではない。先日ニュース番組の特番で現地のボランティア同士の情報のすれ違い、ちょっとしたいざこざが問題になっており、非常に残念に思った。ボランティアは一人でするものではなく、同じ志を持った多くの人たちとしっかり意識を共有し、お互い助け合うことが何よりも大切である。そこで生み出される雰囲気というものが、またより多くの人たちに伝播して、更に良い復興環境を生み出すことに繋がっていくだろう。

私は、これらを踏まえたうえでボランティアに行くことを決意しなければならないな、と考えた。その時に常日ごろの自分を振り返ってみると、はたして私には行く資格があるのだろうか、行って足手まといにはならないだろうかという不安に駆られた。だが、震災の直後から活動を続ける熱意ある父の姿が思い浮かんできて、「理屈なんて関係ない！今、行かなければならないんじゃないか！」という思いが最終的には自分を動かし、ボランティアに参加する運びとなった。

☆宮城県南三陸町でのボランティア活動を通して

今回のボランティア活動では参加者全員（四十名）が夜に集合し、目的地の南三陸町までおよそ九時間にわたる夜行バスの旅がスタートした。

参加者の方々は私の父、また我が家に関係のある方たちなのだが、ほとんどはお互い初対面というメンバー構成である。そして、その中にはヨハネ研究の森の友人と先生も含まれていた。学校の友人と先生は、今回のボランティアに関する情報を学校で紹介したところ多くの研究員（ヨハネ研究の森では生徒のことをこう呼ぶ）から「自分も行きたい！」という声があり、その有志の研究員たちからさらに選抜されたメンバー、男子8名と引率の先生2名である。

バスは翌日の早朝、予定よりも一時間ほど早く現地付近に到着し、駐在するボランティアの方々、またボランティアセンターの方へのご挨拶と我々のチームの登録を行った。現地でボランティアをする際、この登録(さらにボランティア保険への加入)は不可欠で、飛び入りでの参加、個人活動というのは、場合によっては怪しまれてしまう場合がある。復興をスムーズに行うためにも、このボランティアセンターが参加者を把握し、割り振った現場で作業をすることが重要だ。

ただ、この割り振られる現場、また作業というのは求められる場所に応じて時間単位ですぐに変化していく。よって事前にどの場所でどのような作業をするといった予測はできず、「昨日の段階では瓦礫撤去と言われていたが、今日になって物資の仕分け。」ということもよくあり、臨機応変なフットワークが大切である。

午前十時、いよいよボランティア活動の作業を開始した。事前に現地のボランティアの方(NPO団体の代表さん)から活動内容や注意する点、作業を行う上での心構えなどを一通り説明して頂いた後、それぞれ幾つかの班に分かれて現場へ向かう。

私は「衣類仕分け班」という班に所属してボランティアを行った。この班の作業についてもう少し説明を加えると、避難所(学校)の体育館には全国から寄せられた大量の衣類の物資が、ほとんど手つかずのまま男物も女物も種類関係なくダンボールに詰め込まれて山積みに置かれている。この乱雑に入り乱れている衣類たちを二十種類ほどに細かく分類し直す、というのがまず初めの作業としてあった。

これらの衣類は古着が九割を占めていて、中には汚れていたり、破けていたりといったような物もあるので、被災者の方々にきちんとした物を渡せるよう、一着一着細部まで確認を行う。この作業を午前中ひたすらやり、午後は先ほど分類した衣類と生活用品などを避難所の広場に運びこみ、そこで被災者の方々に無料でお配りするバザー、「青空市（あおぞらいち）」のスタッフをさせていただいた。バザーは四、五時間に渡って開催され、相当の賑わいを博した。そこで多くの方から、「お姉ちゃん、どこから来たの？」、「ボランティアありがとうね。」といったようなお声をかけていただき、逆にこちらが本当にありがたい、温かい気持ちになり、それと同時にきっと復興させてみせる、その為にもっとお役に立ちたい！という思いをより強く感じた。

その翌日、午後にはもう帰路についてしまうので、作業は午前中までの予定だった。あっという間のボランティア活動に、まだまだやり足りない、もっとお手伝いしたいという不完全燃焼な気持ちもあったが、最後には、気を引き締めて明るい気持ちで頑張ろう、と姿勢を正して臨んだ。

前日とは変わってこの日は、今後、仮設住宅の建設地になる場所を整地する班に所属して作業を行った。主な作業は「草刈り」で、鎌や熊手を持って膝の高さまである雑草たちを、ひたすらに刈っていくというものだ。途中、何度か現地の方が「休憩してはどうですか？」と心配して下さったのだが、班のメンバー全員「大丈夫です！ありがとうございます。」と最後まで黙々と作業を続行し、その結果、予定よりも多くの土地を整備することができた。今回のボランティアの最後の仕事として良い終わり方ができたなと思う。

この二泊三日のボランティアを経て、私の震災やそこからの復興に対する意識は高まり、より一層学校での検討にも身が入るようになった。そうした中で、六月の丸山茂徳先生の特別講義を迎えることとなる。

☆丸山茂徳先生の特別講義

学校で毎年恒例になっている重要な行事、丸山茂徳先生の特別講義は、今から七年前に端を発し、それ以来先生ご自身が大変お忙しいにもかかわらず、一年に一回は必ずいらして私たちに講義をして下さっている。その内容は毎回かなり難しいのだが、それ以上に驚きや刺激に満ちた、たいへん面白いもので、その興奮に当てられて丸山先生の考えに陶酔してしまう研究員も少なくない。かくいう私も、丸山先生の講義後一カ月は余韻に浸っている。

今回の特別講義のタイトルは「福島原発事故早期収束の為の具体的提案」で、これは震災後、政府の方々に講演したものと同じ(か、それ以上の内容)だそうだ。学校では例年通りに事前学習に力を入れつつ、研究員間でも寮内で自主的にセッションを行うなど、万全の態勢で特別講義の日を迎えた。

今回の具体的な講義の内容をここでは割愛させていただくが、この講義を受けて私自身が考えたこと、感じたことを書いていこうと思う。

まず率直に思ったのは、やはり丸山先生はすごい！ということだ。毎回の講義でも感じていることだが改めて思った。その理由の一つに「仮説を立てる」ということがある。これは言葉で言ってしまうと簡単なのだが、その実極めて難しい。学校の最大行事である研究発表会では毎年これに挑戦しているのだが、私は苦戦が多く、苦い思い出が絶えない。

この経験から学んだことを挙げれば、絶対に外してはならないのが「しっかりと裏付けのあるデータをもって客観的に自分の理論を構築していく。」ということだ。これは最も肝心なことなのだが、真剣に考えるということを続けた結果、のめり込んでしまって「仮説」だと自分では思っていることが「妄想」になってしまっていることがある。これは後に、取り返しのつかないことにもなりかねない危険性があるので、常に冷静さを保つため周りの人と議論や相談をすることが大切だ。丸山先生はこの程度のことなど当たり前のようにしていて、それに加えて物事の本質を突くような見方と、聞く者を必ず圧倒する予測の出来ない考え方が先生の仮説にはある。

理由の二つ目には、人を惹きつける「見解の広さ」ということが上げられる。これを感じるのが、講義中は勿論のこと、何よりも質疑応答の時である。毎回の講義でいつも盛り上がる質疑応答は、長い事前学習と丸山先生の数時間にわたる怒涛の勢いのお話から生まれている。

先生に直接お伺いしたいことは山ほどあるので、この機会を逃すまいと小学生から高校生まで遠慮なく、たくさんの質問をぶつける。先生との年齢の差のせいもあるのだろうが、私たちのコースの研究員は個性的な考えをする人間ばかりということもあって、質問はどれも非常に突っ込んだ内容になることが多い。しかも内容は先生のご専門である地球科学の分野にとどまらず、様々な学問（特に哲学的なものが多い）にまたがっている。

けれども、丸山先生はそんなことはお構いなしに、むしろ喜んでどのような質問も受け付けてくれ、そして絶対に答えを返してくれる。多分、先生の辞書には「専門外」という言葉はないのだろう。膨大な量の知識が、分野関係なく繋がりあった思考の中で生み出される丸山先生の回答に、私のような浅薄な知識しか持ち合わせていない若輩は、将来こういう人になりたい、といった強い憧れを覚える。

☆講義から考えたこと

今回の講義を受けて考えさせられたことを、「地震」、「津波」の部分についてまず書いておきたい。東日本大震災では様々なことが複合的に起こったせいか、専門家といわれる人でも想定外であるとか、正直なところよく分からないということを頻繁に言っている。私はそのために「大地震」や「大津波」の正体をきちんと把握することができなかった。ならば、そもそもの「地震」、「津波」のメカニズムは一体どうなっているのかと調べてみると、なんと日本が代表するこの二つの自然災害は、未だに解明されてない部分が大半を占めていることが分かった。（これは私にとってかなり衝撃的だった。）

だが丸山先生は、まだよく分かっていないこれら二つについても、ちゃんとした筋道を通して話して下さった。私はその説得力に気圧されながら、そこで一般に流布されている狭い情報の範囲に囚われている自分に気付き、広い視野を持つことが疎かになっていることを考えさせられた。そして私は「地震」や「津波」以外にも分かっているようで解明されていないものがないのかと考え、色々な物のメカニズムやその根本を見つめ直すことに最近は熱を上げている。

次の「原発」についても書いていきたい。この部分は今回の講義のメインとなるものでもあるため、前半よりも一層「丸山節」がきいていた。

とりわけ、「今後二十一世紀以内に全世界の原発を廃炉にしなければならない。日本はこの福島原発の事故を実験台に、原発を廃炉にする技術を磨いて、これから先その技術を世界で使っていければいい。」と起こってしまった事故を受けとめ、かつ今後の日本の復興だけでない、その先の未来まで見据えた戦略を語る姿は圧巻であった。講義の前には、私たち研究員の間で「原発に賛成か、反対か」「原発や化石燃料に代わる新エネルギーについて」といったテーマで大いに議論が交わされていたのだが、まだまだ考えが甘いことを思い知った。

丸山先生のお話を聞いているといつも考えるのが、先生の「時間感覚」のスパンは私たちとは比べ物にならないほど長いということだ。地球科学者という仕事がそうさせるのか、先生のお話には必ずその後の何世紀も見越した未来像がある。こうして先生の話を聞き、そこから学べるものをとことん吸収していけば、一年先の未来も断言することのできない私も、いつか十年、百年先の未来を語れる日が来るだろうか。

☆再びボランティア活動へ

学校が夏休みに入ったその初日の7月15日〜17日にかけて、再び私の父親が企画するボランティア活動に参加できることになった。この時は津波で被害を受けた家屋の泥出しなどのハードな作業が中心だったので、前回よりも達成感があった。そして前回と違い、丸山先生の講義やその後も集中して行われた震災に関する検討を経た後の活動だったので、作業中も復興やボランティアの未来などを考えながら体を動かしていた。

合計二回のボランティア活動で私が感じ、今思っていることはただ一つ、「これからも継続してボランティアを行っていきたい。」ということだ。一回目のボランティアの時には、色々と一人で考え込んでしまった。しかし、まだまだ東北の復興には人手が足りない。これから先、時間が経てば経つほど人手のいる作業が増え、ボランティアはますます必要になってくる。

私はたった二回しか活動していないが、この体験をまた次のボランティアの時に活かせるということを、この二回のボランティアに参加したことで気付くことができた。二回、三回とどんどん経験を積み、次へ次へと重ねていくのが、本当の意味での復興に繋がると私は考える。学生の身であるからこそ言えることかもしれないが、ボランティアは一時のブームで行くものではない。そのことを忘れずに、今後とも大きな休みやネオ・アレックスにいる時などを利用して家族とともに、また学校の仲間とともに活動を続けていきたい。

☆おわりに

この文章は、私個人の震災当日から今日までを追った大まかな記録である。これを書いている間に何度もこの期間を振り返り、どうやって文章として表すか考えあぐねる中で、自分が無意識のうちにやり過ごしていた事や、その時には気付かなかった事たちが、言葉にすることによって再発見されるということがよくあった。また、それによって自分自身がこの間に感じたこと、考えたことが順序立てて整理され、たくさんの出来事の体験が、しっかりと自分のものになったと感じる。

中にはこの場で書ききれなかった出来事もあるが、このような文章を記す機会に恵まれたことを感謝して、ここで筆を置きたいと思う。

植物に囲まれて読む・考える・書く

大教室で小学４年から高校３年生まで机を並べて自学自習する

玄関入口
ヨハネ研究の森

第4章　なぜ自ら学ぼうとする子どもが育つのか
――暁星国際学園・ヨハネ研究の森コースの教育理念

（暁星国際学園　ヨハネ研究の森コース代表）
横瀬　和治

ヨハネ研究の森と丸山茂徳先生の出会い

ヨハネ研究の森で初めて丸山先生の講義が行われたのは、２００３年2月のことでした。それ以来、丸山先生は毎年必ず私たちのコースを訪れ、ご自身の最新の研究について語ってくださっています。

私たちヨハネ研究の森では、様々な分野の研究者や専門家をお呼びし、子どもたちにお話をしていただく機会を多く設けています。しかしお招きする先生は、その分野の第一人者であればよいというわけではありません。常に強い問題意識を持ち続けて自ら新しい領域を解明しようとする先生、自分自身の学び方や生き方を明らかにして共有してくれる先生にこそ、子どもたちは憧れを持つからです。丸山先生は、他の学者の説を紹介するだけの先生ではありません。一貫した姿勢として、どのような問題に対してもご自身の思考に基づいて検討を重ね、確信をもった根拠をベースに独自の仮説を提示されてきています。

今回、東日本大震災によって東北地方が大きな被害を受けて以来、主にマスメディアを通して集中的に事態の解説が行われてきました。しかし、そこで表に出てくる解説者は現場とは関係のない人たちであり、説明の大半は誰かの説を引用したものであったり、学術的な定説から想像できることを話す程度にとどまったりという状況でした。

ですが、丸山先生の震災に対する考え方はそうではありません。震災後にヨハネ研究の森で講義を行っていただけるというお話があったとき、現場では本当のところ何が起きているのかということについて、丸山先生ご自身の検討過程と仮説を示してくださるだろう、という期待を私たちは持ちました。そして実際の講義は、考えていた以上の知的な刺激を私たちにもたらしてくれたと言えるでしょう。丸山先生がお帰りになった後には何週間も講義の余韻が残り、講義内容を検討するグループが子どもたちの中で自主的に生まれて夜中まででも議論が続いています。

ところで、第1章をお読みになった方はお気づきでしょうが、丸山先生の講義には、実に手加減というものがありません。常に真剣に、まるで若い研究者たちに語りかけるように講義を進めておられます。いえ、もしかしたらご本人は加減されているおつもりなのかもしれませんが、高校生だけでなく小学生や中学生も一緒の場で、あれほど高度な内容の議論を数時間にもわたって続けるということは、普通の学校ではあり得ない話でしょう。

今回の講義は、質疑も含めると5時間にも及ぶものです。そして講義中には、子どもたちが鉛筆を必死に動かしてメモをとり続ける音が部屋に響き続けていました。はたして大人であっても、長時間の講義でこのようにふるまうことができるでしょうか。

また彼らは、今回が特別な講義だから5時間もの長帳場に耐えられたのではありません。ヨハネ研究の森に所属する全員が一同に会して議論を交える時間のことを、私たちは「セッション」と呼んでいます。このセッションでは、議論が数時間に及ぶことが当然のように考えられています。場合によっては、午後まるまるセッションをしたにもかかわらず、話が終わらないので夕食をとってから再集合、ということすらあります。

保護者の方たちは、入学してからのお子さんたちの変わりように、ずいぶんと驚かれるようです。何と言っても、ヨハネ研究の森に来る前は授業で机に座ってすらいられなかったような子どもたちが、ここに来ると何時間でも机に座り続け、しかも真剣な顔でノートを広げてメモまでとっているわけです。なぜこんなことが起こるのか、と不思議に思われても無理はありません。

また、丸山先生からも、ヨハネ研究の森の子どもたちが書く文章のレベルは大学生以上であり、大学院生の程度に達しているのではないか、というお褒めの言葉をいただきました。それでは、ヨハネ研究の森の子どもたちは初めから文章をうまく書けたのかといえば、決してそうではありません。入学前は原稿用紙の半分の文章ですら書けなかったのに、入学して何年かたったら原稿用紙100枚以上の文章を書くようになっていた、ということが、この場所では当たり前のように起きています。卒業生の中には、英語の参考文献だけを使った英文のレポートを書き上げ、大学の教官から「留学していたのか」と尋ねられた人もいるくらいです。

丸山先生は、日本の教育にまだこのような場が残っている、ということを大変喜んでくださっているそうです。そして今回、ヨハネ研究の森ではなぜこのような教育の場を作り出せているのか、その理由を明らかにしてはどうか、というご提案をいただきました。

そこで、この場をお借りして、コース設立の経緯も含め、ヨハネ研究の森の教育理念についてお話ししたいと思います。私たちが提唱する「学びの共同体」とは何かをご説明すれば、子どもたちがヨハネ研究の森で大きく変容していく理由もおわかりいただけるのではないでしょうか。

なぜ学校に意味が見出せなくなったのか

まず、ヨハネ研究の森が設立されることになった背景として、現代の学校教育に対して私が感じていた問題点からお話ししていきたいと思います。

そもそも現代の日本の学校には、子どもをどう育てるかというビジョンがないと私は考えています。もし「こういう方向性の人間を育てる」と学校が打ち出したら、今の日本ではどのような反応が出てくるでしょうか。おそらく、家庭から「そういう偏ったことをするな」「余計なことをするな」という批判が相当に沸き上がってくるでしょう。

１９８０年代から、明らかに多くの子どもたちが、学校に行っても面白くない、と言うようになりました。子どもたちが「なぜ勉強するのか」という疑問を持ち、学校の風紀は大いに乱れた時代です。当時、進学のための受験勉強は塾に任せるという流れもあって、そもそも学校がなぜあるのかということ自体が問われるようになっていました。

私はこの当時、自分がかつて学校を通過した頃とこの時代の学校では、成り立ちも、そこに通う生徒も、家庭も大きく変化していると感じていました。私が学校に通っていた１９６０年代は、中卒の半分が就職、残り半分が県立高校へと進学し、さらにその進学組の3分の1未満の人数が大学に入る、という状態でした。この時代と１９８０年代とでは、子どもの進学に対する意識も、価値観も、ともに大きく変化していたことは間違いありません。

１９８０年代の地方在住の親は、自分が大学に行っておらず、子どもたちは大学に行かせたいと考えていました。一方、都心部では親世代の大卒が多くなってきていた時代です。ただ、この頃の大卒の親たちも、大学に行ってはみたが通った意味はよく分からなかった、というのが実情でしょう。しかし子どもたちには進学した方がいいと勧め、高等教育を通過すること自体が社会に出て意味を持つ、と皆が考えていました。

つまり、ある時期から、大学に行く意味が不明確になってきていたのです。大学に入っても、そこで真理を追究するなどという要素はなく、レジャーランドで遊ぶように大学で過ごすという生活を、8割くらいの大学生が送っていたでしょう。それでも彼らは、卒業するときに企業に就職することができました。

そのような大学生たちに、親は「学問していなくても何か学んでいるのだ」と言ったものです。しかし、こうした大学生の意識は、それ以前の苦学の時代の学生のものとは全く異なります。

1980年代は、こうした進学の意味の不明確さが露見した時代でした。

私はちょうどこの時代に、不登校になる子どもの数が増えていることが気になっていました。そして直観的にではありますが、すでに学校でも、家庭でも、地域でも、人間が育たなくなっていると感じていたのです。

子どもたちは小学校で6700時間、中学校と高等学校でそれぞれ3750時間ずつ、合計14000時間という膨大な時間を学校で過ごしています。さらに彼らは塾にも通うようになったために、家庭で過ごす時間が少なくなっていきました。こういう状態の子どもは、家庭で何かを経験するということがなくなってしまいます。また、この頃には地域社会も変化していました。たとえば、自分の子どもだろうとそうでなかろうと叱り散らすような、近所の怖い大人というものがいなくなったのが、この時期です。「地域」といっても名ばかりになってしまい、子どもたちは地域社会の中での関係というものを具体的に経験しない状態にあったと言えるでしょう。

かつて、子どもたちが学校、家庭、地域での時間を通過するということは、いったいどのような意味を持っていたのでしょうか。そして、こうした時間を通して、どのような人間になっていたのでしょう。こういった類の問いは、今の学校という場では残念ながら禁句です。

最近、文部科学省が、高校生の80％が落ちこぼれという調査結果を発表しました。しかし、私が子どもの頃であっても、授業なんて聞いてはいませんでした。もともと、ほとんどの子どもは、高校で勉強なんてしていません。普通の子どもたちにとっての学校に通う意味とは、友人と部活、ぎりぎりでこの2つの要素があるくらいでしょう。だから、子どもの不登校になる大きな原因は、主にこの2つがうまくいかないことなのです。別に、勉強ができないことが不登校の主因ではありません。

では、学校で学ぶ意味とは、そもそも何だったのでしょう。そして、子どもたちは、学校や家庭、地域での生活を通して、どのような大人になるのでしょうか。私はこの点について教育関係者と検討したいと考えましたが、全く議論になりませんでした。

戦後の風潮は、教育の場で「人間はどのように育つべきか」という問いが交わされることを否定してきました。そして同時に、親が子どもの生き方を真っ向から考えられないようにもしてしまいました。しかし「君はこう生きたらいい」と大人が子どもに対して考えて、いったい何が悪いというのでしょうか。

こうした思いもあって、私は「学ぶということは何なのか」というテーマについて、現実の上で検討したいと考えるようになりました。そして、学ぶとは何かということを検討するためのワークショップを実施しようと構想を始めたのです。

しかし学習塾では、私が考えているような場を作ることができません。学習塾は、かつての寺子屋にあたる存在だと言うことができるでしょう。寺子屋という場所は、読み・書き・そろばんといった実利に関わる事柄を扱ったところです。だから、自分の実生活とは直接関係しないことを学ぶ場合として寺子屋は場違いで、抽象的なことを大人が教えようとしても子どもたちが受け入れずに場が乱れてしまう、というケースもありました。ちなみに、当時は商人だけでなく農民にも意外に文字が必要でしたから、寺子屋にはずいぶん多くの子どもたちが通っています。当時の寺子屋の数と人口の比率は、現在の学習塾と人口の比とほぼ同じくらいです。

さて、寺子屋の時代にも、暴れん坊で手がつけられないような子どもがいました。そういう子どもたちがどうなったかというと、私塾というものに送られるわけです。あるいは寺子屋とは場違いであるような学びをしようとする子ども、たとえば源氏物語などを読んでしまうような子どもも、私塾に通っていました。

また、当時の武士たちは義務教育的に藩校で学んでおり、識字率はほぼ１００％であったと言われています。それでも、藩校での勉強に飽きたらない下級武士たちが、やはり私塾に通っていました。こうした人々が、暇に飽かせて日本の行く末などを案じていたわけです。優秀であるにもかかわらず身分的に報われない子弟が入るのですから、当時の幕府からすると、私塾は要注意の場所であったと考えられます。

このような私塾としては松下村塾が有名なところですが、やはりそうやって暴れん坊たちを預かっていたことでしょう。そして、私塾に通う人たちは、そこで大きく変容していったはずなのです。

ならば、私はかつての私塾のような切り口で学びの場を作ればよい、と考えました。また、学校に対して何がどこまで期待できるのか、という点についても検討を加えたいと思いました。そして私が宮城県の利府町に設立したのが、「Neo ALEX（ネオ・アレックス）」という私塾です。

学習の場をつくる

ネオ・アレックスは、いわゆる進学塾とは設立の思想が根本的に異なっています。高等学校を卒業してきた学生たちも在籍していて、彼らは寮で自治的な共同生活を営み、昼間はネオ・アレックスに集まって海外留学などに備えた学習を進めていきます。また、地元の小中高生も放課後に通ってきて、彼らと一緒に学びます。

ネオ・アレックスの学習形態は、基本的に自学です。時には私自身があるテーマに基づいて彼らと議論をする場合もありますが、通常の時間帯は自分の机に座り、黙々と自学を進めます。そこでは、洋書を読んでその内容を英語で要約している学生もいれば、参考書を使って勉強を進めている子どももいます。そして、誰も彼らを追い立てたり、テストや受験を理由として勉強を強制したりすることはありません。

それにもかかわらず、子どもたちはこの場で生活するうちに、自ら進んで学ぶようになっていきます。設立当初は、通ってくる子どもの変わり方があまりに凄まじいので、地元で「あそこは洗脳でもしているのではないのか」という疑いを持たれてしまったくらい、子どもたちは大きく変化していきました。

地元の子どもたちは、受験勉強をしようと思ってやってくるわけですが、誰も受験指導などしてくれません。しかし、通い始めると自分から猛烈に勉強するようになりますから、当然ながら成績も上がるのです。それはもう別人のような有様になるせいで、家族は「うちの子がこんなふうに変わるわけがない」と考えます。あまりに効果がありすぎて気味が悪い、ということになって、保護者の方たちがまとまって何度も見学にきたものです。そういった方たちも、実際に来てみると「ここでは自分たちまで勉強したくなる」と話していました。

このことには、「学習の場」というものが関係しています。子どもたちは、学校、家庭、地域など、必ず特定の環境の中で、ものを見、聞き、感じています。無意識であっても、そのような環境、場というものが、必ず人に影響を与えているのです。

かつては進学塾も、そこにいたらガンガンやらざるを得ないような場を作り上げていた時代がありました。しかし、そうした塾も１９８０年代には「仕方なしに勉強する」ような場へと変化し、学習の効果を上げるために一斉授業ではなく小グループや個別での指導を行うようになっていました。これは塾という場所が、その場にいる子どもたちの考え方や学ぶ姿勢を同じ方向へと向けてやれなくなった、ということを意味しています。

また、昔は学校の教室というと、柱や机は歴代の学生が削ったり掘ったりしたキズだらけ、という空間になっていたものです。机の上にぽっかりと穴が空いていることもありました。そういう穴自体が良かったか悪かったかはさておき、そういう空間に歴代の人々の物語が積み重ねられて、学校という場を作っていたとも言えるでしょう。しかし、80年代の学校は鉄筋化が進み、そこにある備品も含めて、空間が人工的なものになりました。学校という場は物語を失い、抽象的なものになってしまったのです。

学校などの学習の場が抽象的になってきてしまっていることは、ネオ・アレックスに通ってくる子どもたちからも見て取れました。受験勉強をする子どもたちは、そのための勉強以外に関心を示さなかったのです。英語がやりたいという子どもも、英検などの点数にしか興味がなく、テストに関係するものにしか目を向けませんでした。彼らは隣にいた子どもの名前にも興味がありませんでしたし、自分の家族にも関心が持てないために、親の年齢も知りません。

こうした子どもたちは、具体的な場での自己形成をしそこなっているのです。「具体的な場」ということについては、たとえば音楽の演奏会を思い浮かべてみてください。生の場ならば、演奏家の前で聞き手が居眠りをしたら、何かしらの影響をその場に及ぼしてしまうでしょう。生の場には、やりとりというものがあります。だからこそ、大人が子どもに物語を聞かせてあげるというようなときには、肉声で話してやることが大切です。CDやテープの音声を流しても同じ効果があるだろうと思われがちですが、録音された音声を使っての読み聞かせは、具体的なやりとりに見えて実はそうではありません。

子どもたちは学校で、こういった具体的なやりとりができていないのです。CDに録音された音声のように、全て人工的な、偽物によって場が作られています。そこでは、反応の繰り返しというものが行われていません。このことについては後ほど、ヨハネ研究の森の知識観に関する事柄とあわせてお話ししたいと思います。

さて、そのような社会状況の中でも、ネオ・アレックスは学習の場として機能していたわけです。そして、私が暁星国際学園の田川茂校長先生にお会いしたのは、この私塾の設立から三年目のことでした。

新たな学びの空間はこうして誕生した

見学にいらした田川先生は、子どもたちが強要もされずに黙々と学ぶ姿を見て、新しい教育の可能性を感じてくださったようです。すぐにでも木更津にある暁星国際学園で、ネオ・アレックスと同じ形式のコースを展開してほしい、と私に依頼されました。

しかし私は、この学習形態を文部科学省は認可しないだろう、と予想していました。ですから、当初は田川先生のご依頼をお断りするつもりでいたのです。ところが、その後も頻繁にお誘いがあり、従来の義務教育ではなく、専門学校や各種学校の新設も視野に入れて検討したい、とまで田川先生はおっしゃいます。また、ちょうどこの頃は、文部科学省が学校の未来像を探るために「研究開発学校」という試みを始めている時期でもあり、私たちが望む姿に近い形のコースが設立できる可能性が高まってきました。そこで、私は田川先生からのご依頼をお引き受けすることを決め、木更津で新しい学校を作る試みに参加することになったのです。

こうして設立準備へと向かった「ヨハネ研究の森コース」が、正式に研究開発学校としての指名を受けてスタートしたのは、２００1年度のことです。そして、初年度は小・中・高校生あわせてわずか8名で立ち上げたヨハネ研究の森も、現在では１００名ほどが在籍する大所帯となりました。

さて、このヨハネ研究の森では子どもたちがどのような環境で学んでいるのか、簡単にご説明しておこうと思います。

ヨハネ研究の森で中心となる学習形態は、やはり自学です。そして、ヨハネ研究の森コースに所属する人は、大人も子どもも「研究室」と呼ばれる大きな部屋を学習の拠点としています。研究室は高い天井と通常の教室の三倍はあるような広さを備えた空間であり、小学生から高校生までの子どもたちと指導者が共に学ぶための場所です。

この部屋には、一人ひとつずつ広々とした木製の机が用意されていて、たいていはそれぞれが自分の机に向かって黙々と学習しています。時にはミーティング用のスペースでお互いに意見交換をしたり、学んだ成果を報告しあったりしていることもあるでしょう。そして、部屋のあらゆる場所に植物が植えられていて、顔を上げれば必ず緑が目に入ります。この空間を拠点として、彼らは授業の時間にはゼミ室やグラウンドへと出かけていき、空き時間があればこの研究室でそれぞれの学びに取り組むのです。

また、ヨハネ研究の森の重要な要素として、小学生から高校生までが一堂に会して行われる「セッション」が挙げられます。私たちのコースでは、一年間を通して全員が追究していく「年間統一テーマ」が設定されています。このテーマに関して自分なりの視点から調べ上げたことを持ち寄り、このセッションの場で意見を述べあったり、他のヨハネ生の話にじっと耳を傾けたりします。そうやって人と関わっていくことで、自分の解釈が組み替えられ、新たな解釈、理解といったものが生み出されていくのです。この本で取り上げられている丸山茂徳先生による特別講義も、このセッションの一環として開催されたものでした。

ところで、この「年間統一テーマ」は、ヨハネ研究の森で毎年必ず設定されてきたもので、私たちのコースにとって欠かせないもののひとつです。丸山先生に初めてお越しいただいた年、私たちは「アルフレッド・ウェゲナー」を統一テーマとして、大陸移動説について全学年を挙げて学習に取り組んでいました。大陸移動説の根幹となる「プレート・テクトニクス」を凌駕する大きな枠組、「プルーム・テクトニクス」を提唱されている丸山先生とのご縁は、そこから生まれてきたのです。

近年、一般の学校でもテーマ中心の教育が叫ばれ、総合的な学習という形で学校教育に導入されました。しかし、「テーマ学習」とは一体何なのかという点を曖昧なままにしてしまったために、この試みはうまくいかず、現在では縮小されていく流れにあります。結局のところ、一般的な学校での総合学習は、個々の学習の枠を出ることができなかったと私は考えています。

ヨハネ研究の森の「年間統一テーマ」は、いわゆる総合学習とは考え方に大きな違いを持つものです。ヨハネ生たちは本を読み、それを要約し、他の人たちと議論して、人の話を聞いてメモをとる、といった学習活動を毎日続けています。しかし、それらはやみくもに話題を広げて行われるのではありません。こうした学習内容のすべてが共通テーマに沿っており、しかも全員でこのテーマについての検討を重ねているのです。

ヨハネ研究の森は全寮制で、寝室もグループ単位で構成されています。ですから、彼らは朝のウォーキングから夜間の学習時間までずっと共に過ごしています。まさに、全員で寝食を共にしているというわけです。そしてこの生活の中では、共通テーマに関することが四六時中、話題になっています。彼らは食事をしたり顔を洗ったりするのと同じくらい当たり前のこととして共通テーマのことを考え、本を読み、語りあいます。

そういう形でのテーマ学習を行っているからこそ、子どもたちは自分たちでも気が付かないうちに、ものの考え方や検討の仕方というものを体に染み込ませていくことができるのです。

知を再構築する「セッション」

ヨハネ研究の森では、黒板での授業よりも自学や「セッション」が重視されています。この理由に大きく関わっているのが、私たちの「知識」観です。

「知識」というものについて、一般的な学校では、先生が持っている完成された知識を他者である生徒へとどうやって移動させるか、という考え方をしています。しかしセッションでは、知識をそういう固定的なものとしてではなく、他者とのやり取りを通して作り上げられていくものだと考えています。

私たちは日常的に、他の人と話をしたり、テレビを見たり、新聞を読んだりする中で、自分の知識を組み替えながら生きています。つまり、もともと何かを分析して得た自分の考えというものがあるわけですが、他の人の話を聞いてその自分の考えを再検討し、新たな知を再構築する、ということを日々行っているのです。

セッションでも、私たちは他の人の話を聞き、自分では思ってもいなかったような気づきを得て、改めて自分の考えを再検討していきます。すでに知っている知識を確認するために、こうした場に参加するのではありません。そもそも、「話しあう」という活動の主眼には、やりとりによる知識や解釈の更新、という知識観が含まれているべきです。共通のテーマについて私たち一人一人が自分なりの理解を作り上げ、それを共有し、再構築していく時間が、セッションであると言えます。

セッションで子どもが意見を述べる場合が多々ありますが、自分の持っている知識を確認するためだけの話をしたり、最終的にこの知識を教えたいというねらいをもって話したり、というやり方では意味がない、と常々言って聞かせています。他者とのやりとりにおいて、着地点を初めから想定しているような、予定調和的な対話は無意味です。

　だからヨハネ研究の森のセッションでは、自分が語ろうとするテーマについて他者と共有できるような前提や共通理解を作り出す、ということが大切にされています。わかりやすく言うと、その場にいる相手が自分の取り上げるテーマにまったく関心がないような人間であったとしても、語られている内容に彼らが見当をつけることができ、対話に参加できるような、そういう状況を作り出せなくてはならない、ということです。そういう対話のための前提・共通理解を作り出すことを、生き方がまったく違う生物たちが共生できる場所になぞらえて「干潟を作る」ようなものだ、と私たちは言っています。

　もちろん、事前知識がない人は議論に参加できない、という場が世の中にはあって当然です。しかし、取り扱う知識の種類によっては、相手がそのテーマについて知らないことを前提とした対話があってよいでしょう。自分が語ろうとする知識について何も知らない人と対話を成立させるためには、どうすればいいでしょうか。そういうときには、自分とその人との間に、共有できる新たな前提、新しい干潟を作り出して、議論を可能にすればいいのです。これは、ヨハネ研究の森の学びの目標の一つでもあります。

なぜヨハネ研究の森の子どもたちは文章が書けるのか

　また、このような対話のための共通理解を作り出すということは、「書き言葉」を駆使して初めて可能になるものであると私たちは考えています。そして、子どもたちが専門家の講義を長時間にわたって聞くことができ、自分の言葉でレポートを書けることにも、この「書き言葉」が大きく関係しています。

　一般的に「書き言葉」と「話し言葉」というと、話し言葉を文字で表したものが書き言葉である、と考えられているのではないでしょうか。つまり、まず話し言葉があり、それに音を表わす文字を当てはめたものが「書き言葉」であるという理解です。こういうイメージは、表音文字であるアルファベットを使っている欧米の言語に対する考え方をベースに作られました。そして、明治以降にこの考えが日本に広がり、話し言葉が書き言葉に先立って初めから存在していたということが現在では通説となっています。

　こうした理解のために、「人間は文字で表現する前にも言葉で考えているのだから、それを文字に書き表せば文章になる」という考え方が生じました。私も子どもの頃に「あなたが思っていることをそのまま文章に書きなさい」とよく言われたものです。しかし私は、そう言われても何を書いていいのか全く分からない子どもでした。そんな私に、親は「知識がないために文が書けないのだ、本を読めばいい」と教えてくれたのですが、一冊や二冊の本を読んだところで文が書けるようにはなりません。当時の私は「まだ知識が足りないのだ」と考え、無理に何冊も本を読みましたが、それでも依然として文章は書けないままだった、という記憶が強く残っています。

私たちの頭の中には、もともと書けるような言葉が形になって存在しているのでしょうか。文章が書けない人は、話し言葉もうまく使えないと言われることもあります。しかし、おしゃべりはいくらだってできるのに、文章を書くことはできない、という人は大勢います。

実のところ、私たちは「書き言葉」と「話し言葉」を、性質が全く異なるものとしてとらえておく必要があるのです。多くの子どもたちは、学校を通過しても、本を読んだり、文章を書いたり、人前で自分の言葉で語ったり、ということができるようになりません。日本の高校生が世界で一番本を読まない、とニュースになったこともありました。こうしたことができるようになるためには、「話し言葉」ではなく「書き言葉」を身につけなくてはなりません。ヨハネ研究の森では、子どもが書き言葉を身につけられるように、「今日の学習」という学習の記録を、毎日文章で書くという訓練をしています。

それでは、文章を書けるようになるために必要な「書き言葉」とはどういう性質のもので、子どもたちはそれをどのようにして身につけていくのか、「話し言葉」の性質と比較しながら述べていきたいと思います。

「話し言葉」と「書き言葉」

そもそも、「話し言葉」と「書き言葉」の違いとは何なのでしょうか。まず、決定的に異なる点として、「話し言葉」が用いられる場面では目の前に必ず聞き手が存在する、ということが挙げられます。目の前に誰もいないのに一人で話すということは、普通はありえないでしょう。また、目の前にいる相手は必ず、自分がよく知っている人です。そして、相手も自分を知っていて、お互いが知り合い同士だということが必要になります。私たちは本来、知らない人には口をきかないものです。

そうやって話す人も、それを聞く人も、「いま、ここにいる」という感覚を持って話をします。そして話題は、その場にあるものや目の前にある事柄についてのものになるでしょう。しかし、そういった事柄について客観的な描写をするということは、話し言葉では本来ありえません。たとえば、明治時代の学校では、柿の絵を見せて先生が「柿とは何ぞや」と問いかけ、子どもに「柿の木になる実なり」と返事をさせるというような問答が交わされていました。しかし柿などというものは、その場で見れば「柿の実だ」と皆が分かるものです。そういう分かりきったものに対して、「柿とは何か」などとわざわざ日常の会話で質問することはないでしょう。お互いに分かっているはずのものを言葉で客観的に表現するという状況は、本質的に話し言葉では存在しないのです。そして、もしそういう場面があるとすれば、話し言葉としては異常事態であると言えます。

また、相手が前にいるだけでも、話し言葉は成立しません。その相手と、言葉でのやりとりが成立するという予感があって初めて、話し言葉が使われます。たとえば、私たちが道ばたで誰かと会って話を始めるとき、最初に天気の話題などを持ち出すでしょう。そうやってお互いに共通する何かを最初に持ち出し、場面や状況を共有することで、私たちは言葉による関係づくりを始めるのです。世の中には生徒が聞いていようがいまいが一方的にしゃべる先生も存在しますが、やりとりが成立していない状態では、言葉によって関係を作れているとは言えないでしょう。

このように話し言葉の性質を考えていくと、お互いに知らない者同士が、自分たちの知らない事柄について話をしている、などという状態は異常であると考えられるでしょう。実はこの点に、学校の授業の難しさというものがあります。授業では目の前に先生がいて生徒に向かって話をしていますが、彼らは生徒と場面や状況を共有することなく、未知の話題について説明しようとします。ですから、生徒が「自分とは関係ない、つまらない、分からない」と先生の話を聞こうとしなかったり、寝てしまったり、ということが起こるのです。

このように、目の前の親しい人と、既に分かり切っていることを共有するための話し言葉では、知り合いではない人同士が未知のことを話題にすることができません。そこで、「書き言葉」が必要になってきます。

共通理解を作り出す「書き言葉」

書き言葉の特徴は、言葉を伝えようとする相手が目の前に存在しない、ということです。手紙、本、日記、といったものを想定してみてください。書き言葉で語られるものの読み手は、書き手の目の前には存在していません。あるいは、目の前にいたとしても自分と大して親しくない、ということが考えられます。親しい相手が目の前にいるのなら、普通にしゃべればいいだけのことです。

この「読み手がいま、ここにはいない」という性質のために、書き言葉では、自分がいま遭遇している状況や場面の様子を客観的に描写することが必要となります。たとえば、食事中に目の前に相手がいるなら「おいしい」ということは表情や態度でも推測してもらえるでしょう。しかし、目の前にいない相手に状況を伝えたいなら、「○月○日、○○さんの家でおやつを食べたとき、クッキーにイチゴのジャムがついていておいしかった」と書かなくてはなりません。書き言葉というものは、この一点において話し言葉と根本的に性質を異にしています。

もし、こういった状況の描写を口でしゃべっているなら、それは「書くようにしゃべっている」ということになるでしょう。昔、ラジオの野球番組で、アナウンサーが「神宮球場の空には、夕日に向かってカラスの一群が飛んでいます。その西の空へと長島は大ホームランを打ったのです」という実況をしたことがあります。しかし実際の神宮球場には、カラスなど飛んでいなかったそうです。アナウンサーはあえてそういう説明をすることで、聴衆の中に共通のイメージを作り出したと言えるでしょう。

このように、その場にいない人に対して、場面や状況を共有できるように語るのが「書き言葉」です。ちなみに現在の野球中継では、テレビの映像によってアナウンサーも私たちも同じものを見ていますから、実況は「打った、打った」という「話し言葉」になっていることが多いはずです。ラジオのアナウンサーは書き言葉によって、聴衆の間に共通理解、つまり共通の干潟を作り出していきます。一目見れば分かるというものが何一つないような状況の中で使われるのが、「書き言葉」なのです。

「書き言葉」には訓練が必要である

書き言葉で場面や状況を描写するということは、自分が置かれた状況をある言葉で置きかえる、ということを意味しています。しかし、自分が見たり感じたりしたものをいったん言葉にするという行為は、実は簡単なことではありません。たとえば、あるものを「白いコップ」と言葉におきかえたとき、それは実体ではない、本物ではない「言葉」によって、自分が見ているものを表そうとしていることになるでしょう。だからこそ、見たり感じたりしているものを言葉で描くためには、ある意味「そのもの自体」から離れなければならない、ということになります。

話し言葉では基本的に一対一で会話が行われるために、言葉の意味があいまいであっても、そのときの状況や文脈によって相手の言わんとすることをお互いに了解していくことができます。しかし、書き言葉では目の前に相手がいませんから、読み手は状況や文脈に依拠することができません。そこで、言葉によって補足を加え、特定の状況から離れて抽象化させていくことになります。これが、書き言葉の大きな特徴です。

また、目の前に相手がいないために、書き言葉で表したものでは読み手の反応をじかに確かめることができません。そこで、事前に言葉の構成を入念にデザインすることが必要となります。先ほど例に出したラジオのアナウンサーも、聞き手が状況を想像できるように効果を検討してしゃべっているわけです。このように、誰が自分の文章を受け取るのか、その相手の顔も分からないような状況の中で用いられること、そして投げかける対象が自分の知らない不特定多数の相手、あるいは聞き手となることも書き言葉の特徴です。こうした相手に話を伝えるためには、自分の主観に基づいた表現や、いまの状況に依存してしまう表現では、伝えたいことが通じなくなってしまいます。

この際に重要となってくるのが、比喩、たとえ、アナロジー（類推）です。いまの自分の状況や、見たり聞いたりしたものを思い起こして言葉に置きかえようとするとき、それを「まるで○○のように」と表現することがあります。私たちは、目の前のものをどうとらえるべきか見当がつかないとき、こうしたアナロジーを用いなければ言葉に残すことができないのです。そして、自分にとって未知の人々に物事を伝えようとするときにも、こうしたアナロジーを駆使することになります。そもそも、目の前にある「それ」を、「それ」自体ではない言葉で表現するということ自体がアナロジーであるとも言えるでしょう。これは、言葉を使うということの本質でもあります。

こうした「書き言葉」の成立条件を押さえていなければ、文章を書くということはできません。そして、ヨハネ研究の森では、もの自体から離れて言葉によってそれを描く、というトレーニングを日々くり返しています。それが「今日の学習」という日課であり、生徒たちは毎日、その日に自分が見たり聞いたりしたことを思い起こし、言葉に置きかえます。自分の記憶にあるものを、それ自体とは全く異なる「言葉」によってどう表現するか、という訓練を日々欠かさずに行っていれば、彼らはやがて書き言葉によって文章を書けるようになるのです。

また、セッションも書き言葉の訓練に大きな役割を果たしています。セッションで皆の前に立って話す人は、書き言葉によって聞き手の中に共通の理解、干潟を作り出していきます。ですから、セッションの行われている空間は、それ自体が書き言葉の世界となっていると言えるでしょう。その中で、生徒たちは書き言葉の使い方を知らず知らずのうちに身につけていきます。そして、丸山先生のような方たちに対しても、彼ら自身の疑問を書き言葉にして問いかけるということができるようになるのです。

大人も子どもも「学ぶ人」となる

こうして、ヨハネ研究の森の生徒は「書き言葉」を駆使し、自分の理解はこういうものであると描いていくようになります。そして、それぞれが理解したことをセッションなどを通して共有し、他の人の話を聞いて「その事柄をそんな風に言うことができるのか」、「ああ、そういう考え方ができるのか」と、使われている言葉やアナロジーに刺激を受けていくのです。そうやって、彼らはお互いの理解を組み替え、新たな知識を再構築していきます。これを私たちは**「理解の相互形成」**と呼んでおり、この知識観が、ヨハネ研究の森で重要視されているものです。

ですからヨハネ研究の森には、知識を教える人である先生と、教わる人である生徒、という関係が存在しません。先生が「客観的で正しい知識」というものを教え、それを生徒がそのまま受け取るということでは、理解の相互形成が生まれないからです。ヨハネ研究の森では、大人も子どもも同じように言葉を通して自分自身の理解を作り上げていく「学ぶ人」です。そして、自ら学ぶ子どもたちは「研究員」と呼ばれ、共に学ぶ大人は「主任研究員」と呼ばれます。そして、主任研究員は研究員と共に学ぶだけでなく、学びの先達として子どもたちの学びに方向性を与え、時には自分自身の学び方を示して彼らの手助けをすることができる人間でなくてはなりません。そこで、「理解の相互形成」という従来の学校の在り方とは異なる考え方が理解でき、しかも付け焼き刃の知識ではなく本物の専門分野をもった人たちに、主任研究員として集まってもらいました。

こういう考え方を基本として、ヨハネ研究の森コースは運営されています。第2章の質疑応答や、第3章に掲載されているレポートには、研究員たちが何を大切にして日々学んでいるかがよく表れていると思います。

消費文化の中に生きる現代の子どもたち

また、私たちが「人間はどのように育つべきか」というテーマをどのように考えているのか、ということもお話ししておくべきでしょう。

高橋勝先生のご著書『文化変容のなかの子ども』(東信堂)には、私たちが現代の子ども、大人、そして学校というものをどのようにとらえるべきかということが実によく表されています。そこで、この著書を軸にして、私たちの考えをまとめていきたいと思います。

高橋先生は、子どもというものが3段階に変化してきたと整理しています。その最初の段階である農業社会では、子どもは親を手伝って跡を継ぐことが当たり前でした。

そこでは「自分は何か」という問いは生まれません。人間は共同体の中で生き、子どもは「小さな村人」でした。そして、こうした社会には共同体の成員になるための通過儀礼が存在しており、「小さな村人」たちは「一人前」に憧れるという意識を持って生きていました。この共同体の中の子どもたちは、大人の仕事に参加し、「一人前」の大人たちの行為を模倣(ミメーシス)することによって、「一人前」の自分を形成していきます。これが、当時の子どもから大人への筋道です。高橋先生は、こうした人間形成の枠組を「ミメーシス・パラダイム」と呼んでいます。

しかし、工業型社会の到来に伴い、こうした模倣的な学びは解体されていきました。地域社会や家庭に代わって、学校が子どもたちの学ぶ場として最前面に現れたからです。産業社会で生きていくための読み書き能力は、地域社会での模倣による学びでは保障されません。子どもは大人の世界から隔離されて、学校へと通うようになりました。

さて、その学校が人間形成の前提としているのは、発達段階論です。子どもは年齢を追うにつれて学ぶことやできることが段階的に増えていく、というこの発想は、学年が上がるにつれて学ぶ内容が抽象化していく現在の教育方法の根拠となっています。

ただ、子どもが大人になる筋道としての発達段階論は、ほんの5、60年前には一般的ではなかったものです。そして発達段階論が目指す大人の姿は、あくまで抽象的な理念型でしかありません。「望ましい大人」のモデルは、具体的に目の前に存在する自分の両親や地域の人々といった身近な大人たちではないのです。

こうして、模倣による学びというものは機能しないものになりました。子どもたちは、いまここで役に立つ人間として教育を受けるのではなく、将来の完成体に向けて開発され続けていくことになります。また子どもたちには、時間厳守、規律遵守、勤勉、豊富な知識量といった、工業型の社会で求められる均質な人材であることが求められるようになりました。こうしたあり方を、高橋先生は「開発パラダイム」と呼んでいます。

しかし、工業型産業が頭打ちとなって以降、子どもたちは情報化と消費生活化という新たな状況に大きく影響されていきます。そして、情報と消費社会の中での人間形成は、「自己選択パラダイム」の中で行われていくようになりました。

1980年代以降、社会システムは生産優位から消費優位へと変化しました。そして、消費の享受者となったのは大人だけではありません。子どももまた、消費の格好のターゲットとされたのです。彼らは消費行動の最先端を走るようになり、携帯電話やブランドものの衣服を当たり前のように身につけるようになりました。いま、街で見かける子どもたちの姿は大人びていて、大人と子どもの境界がぼやけてきているように感じられます。

情報消費社会の時代となって、子どもはまた「小さな大人」になったのです。しかし、この段階の子どもは、かつての「小さな村人」とは性質が違います。子どもたちは夜中に出歩き、小学生も大人と区別がつかないお洒落な服を着ます。たとえば、私の近所のパン屋では、ろくに歩けないような子どもが、自分の好きなパンを選んで買っています。現代の子どもたちは、選択消費をする消費者としての「小さな大人」なのです。子どもは富裕化しており、他者の存在がない「消費人」となりました。

高橋先生が指摘されているこのような事柄は、私たちが子ども、大人というものを検討する上で欠かせないものでしょう。それでは、このような時代に私たちがどのような行動をとるべきか、私の考えを述べていきたいと思います。

現代において、選択消費という行動は、子どもが乳児の頃からすでに行われています。私が子どもの頃は、母親の母乳が出ず、粉ミルクもなく、重湯を与えられていました。こういう選択消費ができない時代の人々は、大人になっても、死ぬまでムダなことはしないものです。しかし、現代の子どもたちは状況が異なります。

いま、小さな子どもたちは、まるで大人のような顔をして町を歩いています。少し前まで、ある子どもがいま小学生なのか、中学生なのか、高校生なのかといったことは、彼らのふるまいを見ることですぐにわかりました。それは、学校のそれぞれの段階によって、ふさわしいふるまい、ふさわしい服装というものが明らかであったからです。しかし現在は、小学生の子どもたちも大人と同じ服を着て、消費者としてふるまっています。子どもがいったい何年生なのか、もはや見ただけで判断することは難しいでしょう。

そして、高橋先生の理論を踏まえた上で、私が指摘しておきたいと考えていることがあります。高橋先生は、子どもが消費人としての「小さな大人」になったと述べておられます。しかし実際のところ、消費社会の中で「大人」というモデル自体も拡散してしまっているのではないでしょうか。

これは私が最近、近くの学校を訪れたときのことです。そこにいる学校の先生が子どもたちに対して見せるふるまいは、まるで近所のお兄さんやおじさんが子どもたちに接するときのようなものでした。そして、学校に来ていた親たちのふるまいはと言えば、実に不作法そのものだったのです。誰一人として「先生らしい」ふるまいをする大人はおらず、「親らしい」ふるまいをする保護者もいませんでした。

そのとき私が感じたのは、もはや学校には「先生」も「親」も「生徒」もいないのだ、ということです。何かの発表会ともなれば、親たちはビデオカメラで自分の子どもたちを我先に映しに向かいます。一方の子どもは、自分にとって面白くない、あるいは役に立たない授業は受けたくない、と考えるようになりました。親も子どもも、まるで客のように学校でふるまうようになっています。

つまり現代にあっては、大人もまた情報消費社会のコードの中で生きているのです。子ども期が消滅し、子どもたちが消費人になった一方で、大人もまた消費者となって「嫌なことはやりたくない」と堂々と口に出すようになりました。

先ほど、パン屋で小さな子どもが好きなパンを選んで買っている、という話をしました。そのときに、とてもこのようなものは幼児に食べさせてはいけない、というようなパンを子どもが買おうとしたら、「大人」はどうふるまうべきでしょうか。「大人らしい」ふるまいをしようと思うなら、明らかに体に悪いパンは「こういうものは我が家では食べてはいけない」と話して禁止するべきなのです。しかし現実には、子どもを止める「大人」を見かけることはまずないでしょう。

確かに、子ども期は消滅しました。しかし、すでに社会には「大人」すら存在しないのです。

さて、このような時代にあっては、**選択消費そのものが価値**となってしまいます。そこにあるのは、**欲しいものを手にできないと生きていけない、という価値観**です。子どもたちは、そして大人ですらも、いやなものはいや、いいものはいい、という感覚でものを選びます。もはや「我慢をする」は死語であり、我慢しないで選ぶことが美徳ですらあるでしょう。

こういう状態のところに突然、学校の開発型の価値観がやって来ても、子どもたちは受け入れられません。勉強が難しいからいやだ、教員が嫌いだからいやだ、教科書が面白くないからいやだ、ということになります。たとえ好きで始めたことでも、嫌いになればいやになってしまうでしょう。

日本人というものは、外から取り入れたものについてはひたすら徹底させます。今の消費志向はアメリカから取り入れたものですが、当のアメリカ人から見れば消費的すぎるという状態です。現在では、むしろアメリカの方がつつましやかな面があります。日本は、消費文化が行き着くところまで行ってしまいました。

この情報消費社会の「小さな大人」のしつけの難しさについては、皆さんもご存じの通りです。こういう子どもたちを、そうではない子どもたちにどう変えるか、ということを考えなくてはいけません。子どもは、消費者を脱しなくてはいけないのです。

では、それをどのようにして行えばよいのでしょうか。そして、人間とはどのようにあるべきなのでしょうか。これは、ヨハネ研究の森コースを成立させる上で、最も大切なところでもあります。それでは、人間というものについて、**「関係性」**という要素から考えてみましょう。

関係の中で生きるということ

いま、個体である人間ひとりひとりが集まって家族が成り立っている、という感覚が今は当たり前になっていると思います。しかし人間にとって、「自分」というものは最初から独立した個体なのでしょうか。そして「自分」とは、どのように形成されているものなのでしょう。

私は、もともと研究分野として言語学、特に第二言語の習得を専門としています。少し回り道になりますが、言語を例に挙げて、「個」というものを考えてみましょう。

一般的な学校で英語を習得しようとする場合、単語や文法、構文といったものを自分が内在化するまでくり返し練習する、といった方法が主流となっています。しかし、こうした方法論には「関係性」という要素が欠けていると言わざるを得ません。いわゆるネイティブ・スピーカーは、ものを話すときに「この言葉の使い方・話し方が自然である」と思う直観を身につけています。なぜ彼らにそういった状況が生まれるのか、ということを考えるために必要な要素が、「関係性」です。

人間は、関係の中で意志を疎通させています。たとえば、私たちが誰かと会話をするとき、お互いが「意志を疎通させたい」と感じている状況になると、何が起こるでしょうか。実は、学校教育が重視しているような「文の組み立て」などという要素は、かなり後退してしまうのです。こういう状況下では、話を聞こうとする人は、相手がどんな順番で言葉を並べようが、どんな口調で話そうが、自分の中で言葉を組み替え、相手の言いたいことを理解してしまいます。

また、こうした会話では、私たちは正しい文法でものを話したりしません。ですから当然のことながら、相手の言いたいことがよく理解できない場合もあるでしょう。そういうとき、私たちはお互いが言いたいことを正しく理解できるまで、何度も言葉を言い替えながら会話を続けます。つまり、**相手が話した内容を自分の言葉で言い替えることによって、相手の意図を自分が正しく分かっているか確かめたり、自分の言いたいことを別の表現に言い替えることで、自分の考えを相手に正しく理解してもらおうと試みたりします。**

そもそも**言葉による意志の疎通**とは、このような双方によるパラフレーズ(言い替え)の連続であると言えます。だから、ある言語を話そうとするときには、立て板に水を流すようにしゃべる必要はないのです。また、文法という意識も、人間が文字を持つようになってから生まれたものでしかありません。文字を当たり前のように使っている私たちは、過去の人類も同じように文法を理解していたと誤解しがちですから、注意が必要になります。言葉に関する考え方として、これらの点は重要です。

だいたい、海外旅行をするにしても、場面ごとにフレーズを暗記したところで仕方がないでしょう。コミュニケーションの根底は、そこで生きていく、ということにあります。税関を通るときには、その場の職員がどのようなことを、何のためにしているのかが分かっていれば、ベラベラと余計なことをしゃべる必要はないでしょう。それに、どこの国の会社でも、仕事中には8割くらいの人は話などしていません。むしろ、職場の状態を理解した上で、自分が何をすべきか判断できる、ということの方がコミュニケーションにおいては重要です。別に、プレゼンテーションばかりが仕事ではないでしょう。いずれにしても、暗記した文章を口に出すだけでは単なるオウム返しに過ぎず、言葉によって意志を疎通するということにはなりません。

また、コミュニケーションの中での言葉というものは、辞書で引いて出てくるような意味そのものでは使われていない、という理解も大切です。たとえば、会社の上司が部下に向かって「いったいこれで何回目の遅刻なんだ」と叱りつけたとき、部下が「五回目です」と答えたら、どうなりますか。さらに怒られるに決まっています。

こうした会話では、言葉というものが字義通りには使われていないのです。**つまり言葉というものは、それが使われる「文脈」というものを無視できません。言葉が言葉として成立するためには、文脈が必要です。**さらに煎じ詰めて考えていくと、言葉を介した知識というものも、やはり文脈を抜きにしては成立はしないものなのです。

私は、言語に対してこのような考え方を持って研究を進めていました。さらに、自分がこれまでどのようにものを学んできたかということを振り返ってみても、学習というものは特定の文脈と結びついたときに最もよく行われるものである、と考えています。

さて、「関係性」という要素から離れることができないのは、「言語」だけではありません。たとえば、先ほど挙げた『文化変容のなかの子ども』に、「欲望の解放」という表現があります。しかし「欲望」というものも、ある関係の中で具体的な形をとらなければ、存在しないのではありませんか。もちろん、潜在的には何かの感情があるのかもしれませんが、それだけでは「これがほしい」という欲望の形にはならないでしょう。

たとえば、食べ物について考えてみましょう。私たちは、何の経験もない状態から「こういうものが食べたい」と思い浮かべるのではありません。まず何かの味を知り、それから「ああいうものが食べたい」と思うようになるのです。存在すら知らないものであれば、私たちは欲しいなどとは考えないでしょう。

しかし一方で、心理学のある系統では、人間の欲望というものはある条件の中で抑圧されており、解放されない状態にある、という考え方をとってきました。彼らは、人間の心理的な問題を解決するために抑圧を放つべきだ、と言います。しかし、問題行動を起こした子どもがカウンセリングを受ければ受けるほど手がつけられない状態になってしまう、という事例を、いままで私は多く見てきました。またヨハネ研究の森にも、こういう状態になった子どもがやって来ることがあります。そして、彼らが回復するきっかけはいつも「**我慢を知る**」ということでした。

結局のところ、人間の状態というものは、関係の中から生じてくるのです。しかし、発達心理学も教育心理学も、「個体」という対象しか考えてきませんでした。しかし現在、「個体」という考え方が揺らいできているのではありませんか。

これは、人間とはいったい何なのか、という問いにつながります。そもそも人間は、「言葉」という手段を介して他者と関係を結びます。人間は初めから個体ではないのです。もし関係性というものを人間からはぎ取っていくと、何が残りますか。それは、殻のないヤドカリのようなものです。あるいはタマネギを皮むきでむき続けるようなもので、結局、何も残らないでしょう。

現代の若者たちの中には、青白い顔をしてデカルトやカントの本を読み一方で「生活実感がない」

と言ったりするような連中もいます。彼らはそういうことを言う前に、ジャガイモでも作ればいいのです。人間が結婚したり、仕事についたりすれば、他者との関係を意識せざるをえません。そこから、人間の五感は確かな事柄に反応するようになっていくものです。しかし現在の学校には、自分以外の人間との関係を持つという「場」が欠けてしまっています。また近年、私たちの周りにあったはずの人間以外のものの多様性がなくなり、生のままの自然も少なくなってしまいました。自己と他者、自然と人間との関わりあいを意識することが少なくなっている中で育つことになってしまったのが、現代の子どもたちです。インターネットの中に入りこんでしまうような人間についても、この関係性というものに対する意識を失わせてしまうことになるのです。

ところで、他者と関係していくと、ウマの合わない人というのも出てきます。しかし、人間はその上でなお、その場で自分と他者との関係を成立させていかなくてはなりません。これは、絶望的に難しい状況であるようにも思えます。しかし、事業経営をする人たちの中では、こういう考え方は当たり前のように存在しているのです。たとえ相手がどのような人間であろうと、そこにいる他者と共にどのように組織を作って仕事をしていくか、ということを経営者は考えなければならないでしょう。

ヨハネ研究の森コースは、「学びの共同体」であると言われます。しかし実は、人間が存在することそのものが共同的なのです。共同から離れて生きていくことはできません。このことについて、少し詳しくお話ししたいと思います。

すべての人間は関係性の中で生きる

そもそも人間は、ある集団の中で、ただ仕事自体の能力のためにそこにいるのではありません。それぞれの場所には、文化や流儀というものがあります。それらをふまえた上で、自分がしなくてはいけないことは何か、と問わなくてはならないのです。ひとつの共同体が何をやっていこうとするのか、ということを考えないで、それを無視してはその社会の中で存在していくことは困難なことです。それどころか、それをなし崩しにしていく人間は、そこにとどまっていることはできません。たとえば、日本に昔来ていたメジャーリーガーたちには、そこが分かっていないために成績が振るわない者が多くいました。逆に、この点を承知している人たちは、アメリカに戻っても優れた実績を残しています。

また、ある共同体・集団の中でしか、人は生きていくことができません。私たちには、その共同体の目的を見抜く必要があります。このとき最低限必要なことは、共同体の邪魔にならないことです。そこから、自分がどう役に立てるかを考えていければよいでしょう。つまり人間にとって大切なのは、自分のいる共同体は何を目的としていて、誰がそこに来ていて、どういうことをしているのか、ということを理解することなのです。

ところが、現代の人間は「ここは気に入らないから他のところへ行こう」と考えてしまいがちです。もちろん、人間が今まで続けてきた自分のやり方、自分にとって心地よいやり方を捨てて新しい環境に馴染《なじ》まなければならないとき、体はそれを拒否するものです。しかし、もし自分の生きる場所がそこしかないのなら、その共同体の中でどうにかして生きていくしかないでしょう。体が拒否しようが何だろうが「そこで生きていく」と決めて、自分がいるその場に対して懸命に、一体になろうとしていかなくてはならないのです。

ある人々にとっては、こうした考え方は当然のこととして立ち表われてきます。アメリカのコミュニティを例にあげてみましょう。アメリカでは、色々な国だけでなく、国内の移動も盛んな国です。色々な場所から人々が集まってきます。そして、そこで商売などをしながら生きていかなくてはなりません。だから、その地域に住んだら、コミュニティの活動には必ず参加します。そして、そこに関与し続けるという感覚の中で、コミュニティを支えていく一員になるのです。コミュニティが形成維持されていくことになります。

こうした共同体において最も問題となるのが、その場にいながら心ここにあらず、という状態になってしまう人たちです。こういう人は、長くその共同体の中にいられませんし、評価も低く、力も発揮できないでしょう。携帯電話やインターネットの使用が問題になるのは、これらの道具が、共同体の中で生活していても自分がその場にいないような感覚を増幅させてしまうからです。また、ヨハネ研究の森の子どもたちは、人の話を聞いてメモをとります。このメモ自体は聞いた話をまとめるために必要なのですが、だからといって自分がその居る場から途絶してしまわないように気をつけなくてはいけません。この点については、先端文化であろうがそうでない文化であろうが、その係わり方はみな共通しています。

しかし、戦後の日本は、共同体のこうした面を解体し、個を重視する方向へと流れてしまいました。いま、ここにいてここにいない、という姿勢の人間に、どうやって自分が共同体の一員であることに気づかせるか、私たちは考えなくてはなりません。私たちがいまを生きるということは、その場で生きようとすることだからです。

さて、一方で、共同体というものは初めからそこに存在するのではありません。共同体は作って維持していくものであり、そこに参加しなくてはなりません。私たちにとって重要なのは、共同体の中で何かを一緒になって作り出す、ということです。そして、そういうことの中から、共同体の約束ごと、決まりといったものがうまれ、広くは文化というものが生まれてきます。

人間の基本は、その文化の中で生きようとすることだ、とも言えるでしょう。そして、自分の共同体の文化にケチをつけたり、崩したり、曖昧にしようとする人間は、日本だろうがアメリカだろうがやっていけません。ヨハネ研究の森でも、ただその場から家に帰りたいだけという生徒に同情する必要は全くない、という考え方をとっています。

ヨハネ研究の森に新入生が入ってくると、しばらくはとんでもないところに来てしまったという顔つきをしている場合があります。そういった子どもをどう変えるかということを、この場所では考えています。私たちは彼らに、人間は関係の中でしか生きられないということを、どこかで知らせてやる必要があるのです。このようなことをふまえて、私たちはヨハネ研究の森を「学びの共同体」と呼んでいます。

人間は、必ず誰かと一緒に何かをする生き物です。こうした意識を、私たちは自覚的に持つことができるでしょうか。現在の学校では、授業や教科書で習ったことを答案用紙にすばやく正確に移しかえられることが優秀とされ、先に学習のスキルを身につけて後から社会性を学ぶ、という風潮の中にあります。しかし、関係というものから外れてしまったスキルは、抽象的なものになってしまうでしょう。これでは、社会に出て人間同士でやりとりをする、ということにはなりません。教育の場で重要なのは「どうやってスキルを伝達するか」ではなく、「どんな人間を育てるか」ということです。そのために、私たちには、現代の社会に見られるような効率・利便性の追求という考え方自体を再検討する必要があるのです。

また、現代の学校や社会にあっては、かつての模倣（ミメーシス）も解体されてしまいました。しかしヨハネ研究の森では、先人の模倣をするということを、人間形成のための重要な要素として考えています。だからこそヨハネ研究の森には、学びながら生きていく人間の先達として主任研究員が存在し、研究員に対して大人としての「ふるまい」を示しています。私たち大人は、子どもたちが悩んでいるときに、同じ立場になって一緒に悩んでしまうようなただの伴走者にはなってはいけません。これまで生きてきた経験から「自分ならこうする」と語れることが、大人にとって大切なことなのです。

そして、大人だけでなく上級生たちも、セッションやゼミ、寮生活での自分たちの「ふるまい」を意識しています。以前、ある上級生が新入生に対して「君たちは、ヨハネに入ったからヨハネ生になったのではありません。これから、ヨハネ生になっていかなくてはいけないのです」とスピーチしたことがありました。今でも研究員たちは「ヨハネ生になるとはどういうことか」という問いを、下級生や自分自身に対して頻繁に投げかけて、セッションでもよくこういう話題になります。私は、自分のふるまいすべて、生き方そのものがヨハネ研究の理念を体現しているような人間になって「俺がヨハネだ」と言い切れるようになれ、とよく子どもたちに話してきました。もちろん、彼らの言葉を借りれば「それはなかなか大変」なことです。

同様に、毎年この場を訪れてくださる丸山先生も、生徒に知識を教える教師として子どもたちの前に立っているのではありません。今回の講義の質疑応答でも明らかなように、子どもたちと疑問を共有し、ご自身の生き方と照らし合わせながら一緒に考えようというスタンスを保ってお話をされています。「学ぶというのはこういうことで、これほど面白いものなのだ」ということを、ご自身の体で見せてくださっているからこそ、子どもたちが「自分もああやって学びたい、ああいう大人になりたい」という憧れを呼び起こされるのです。

このように、ヨハネ研究の森の子どもたちに要求される「ふるまい」も、大人や上級生が見せる「ふるまい」も、そのようにふるまうべき理由はすべて、人を育てるためということに尽きます。私たちの中で「自分たちはどうふるまうのか」という原則がしっかりと確立できていれば、共に生きる子どもたちもまた、何に対してもきちんとふるまえる人間になることでしょう。

さて、駆け足ではありますが、私たちの教育理念について、ごく簡単にお話ししてきました。丸山先生と研究員たちが言葉を交わす姿の記録をお読みになり、ヨハネ研究の森という場所にご興味をお持ちになった方に、少しでもご参考になれば幸いです。

ヨハネ研究の森コース代表　横瀬和治

あとがき1

丸山　茂徳

本書に含まれる講義内容は２０１１年６月現在のものであり、その後の政策や現場作業の進展によって、状況は当時から多分に変化してきています。しかし、今回はあえて補筆と修正を最低限にとどめたうえで出版に踏切りました。それは私とヨハネ研究の森のこどもたちとのやりとりを残すこともまた、教育はプロセスが重要であるという点で大きな意味を持つであろうと判断したためです。しかし、科学者の責任としてその後の状況変化について「あとがき2」(第1章の追記)を設け、最小限のコメントを述べることにしました。

たびたび述べてきたように、私は毎年必ず講義を行い、彼らと対話を続けてきています。しかし、実のところ、ヨハネ研究の森に来る日が、私にとって一年で一番しんどい日なのです。子供たちの関心や質問に答えられるだけの自分の準備をすることも大変ですし、彼らと本気で向かい合う心構えをすることも大変です。ですが、この日は私にとって、一年で一番充実した日でもあります。

ヨハネ研究の森は、私にとっての松下村塾です。かつて松下村塾が日本の未来を担ったように、暁星国際学園・ヨハネ研究の森コースのこどもたちがより大きなスケールで未来を担ってくれることを、私は心から期待しています。

終わりに、私たちの研究活動を評価し、出版を強く薦めていただいた東信堂および下田勝司氏に、また煩雑なデータの整理、文章の校正などでお力添えをいただいたヨハネ研究の森の主任研究員の皆様に、心から感謝を申し上げます。

あとがき2〔第1章の追記として〕

丸山　茂徳

以下に、２０１１年6月の講義以降、２０１２年5月13日現在までの間に明らかになった事実のうち、重要と思われる部分を解説しておきます。

(1)M＝9.0 東北地震研究

震源が精密に決定されれば、地震の発生メカニズムについての論争は簡単に決着するでしょう。しかし、海岸から太平洋側にある地震の震源決定は非常に大きな深度の誤差を含むために、それは困難です。ただ論争とは別に、プレートは地球上ですべてネットワークとして繋がっていますから、東日本大震災で起きた巨大地震後の新たな歪みの伝搬は今も進行しています。

金森地震学では想定外となる地震の発生メカニズムに関する議論はそのままになっていますが、新しい論争が起こるべきでしょう。こうした点に関して、私は今、学会発表と論文化の作業に集中しているところです。

(2)巨大津波研究 検証可能性について

「巨大堆積盆地直下の構造浸食型地震による破壊」による海底地すべりが津波の原因である、とする私の新説は、JAMSTECなどの海洋調査船による調査で検証が可能です。すでに津波直後の海底調査によって、地震直後の海底地すべりの存在と、崩れた後の崖の存在が発表されています。さらに、海溝深部に堆積した厚い、数十mの堆積物の存在の証拠も示されました。ただし、その時空分布の詳細は不明です。この調査は、津波制御の防災対策と連動する、重要な課題です。とりわけ、西南日本の次の地震と津波対策にとって重要であると言えるでしょう。

また、地震直後に日本列島太平洋岸に次々と押し寄せた波の解析から、発生源の場所が特定されました。予察的な結果は、発生場の形が震源直上に円形で記されています。ほとんどの地震学者は、スラブのリバウンドによって地震と津波が同時に起きると考えています。しかし、発生源が円形(海底地すべり)なのか、それとも南北400㎞の線源なのかということが明らかになれば、津波の発生メカニズムについては決着がつくはずです。

(3)福島原発のその後

東京電力は、福島第一原発2号機で溶融した燃料がたまっている場所について、原子炉の二重の鉄の釜の外側の壁の内側であって、炉から外へは漏れていないと主張し続けています。しかし、私や周辺の研究者(佐藤、戎崎ほか)は、建物の下位にある14mの厚さのコンクリート床に割れ目が生じて、そこから物質が外部へ漏れているであろうと予測していました。

そして、原発による被災から1年が経過した2012年3月26日、2号機の冷却水の水位が一向に上昇していないこと、それにもかかわらず温度が50～60℃程度であって再溶融の可能性はないということが報告されました(産経新聞)。

しかし一方、福島沖から東北日本の太平洋岸の漁業で生活してきた漁師たちは、科学者と共同でセシウムなどの放射性元素による魚の汚染レベルを定時的に計測し続け、濃度変化をモニターし続けてきました。すると、事故を起こした原発のある福島沖での数値は、極端に高いままで、一向に低下しないのです。

一向に下がらないセシウム濃度は、何を意味しているのでしょうか。放射性物質が1年以上も前に一時的に放出され、その後まったく出されていないのなら、それはこれまでの期間でほぼ無限大希釈され、ほとんどバックグラウンドレベルの濃度に低下しているはずなのです。

現在でさえ高い濃度の汚染が続いているのは、基盤のコンクリート部分に亀裂があり、そこから汚染された冷却水が漏れ、コンクリートの下の砂岩層(半固結)の中を地下水と共に通り、太平洋岸の浅海へと流れ出しているためであると考えられます。それ以外には説明のしようがないだろう、というのが現状です。

(4)復興計画のその後

震災直後、政府は復興会議を組織し、時限の復興庁をつくって、自画自賛の宣伝をしました(読売新聞、2011年4月15日)。それから1年あまりが経過した今、はたしてどれだけ復興は進んだのでしょうか。

私は、復興会議が1年かけて進めているプランは間違いなのではないか、と考えています。早急に行うべきことは、まず被災者の家屋の緊急処理、すなわち瓦礫の処理です。そのために政府の予算を即時執行し、被災者の大人だけでなく子どもまでを含めて、この1年間の日当を彼らに支払うべきでした。

被災者は急造の建物の中に閉じ込められ、1年あまりもその室内で過ごす苦痛と将来への不安を感じてきました。その感覚は当事者でなければわからないのでしょうが、そういう思いを抱くような状況は異常であり、間違いであると私は思います。戦後に行われた日本列島の大改造計画では、各地方の隅々にまで及んだ土木工事が、地方の子どもたちの教育にかかる資金の重要な基盤となりました。そういった例も思い起こすべきではないでしょうか。

また、千年に一度の津波災害を想定し、全集落を高地に移転させる計画は、おそらく無意味です。仮に数年かけて移転が成功しても、百年も経たないうちに必ず記憶は風化し、海岸沿いに人は移動することでしょう。だからこそ復興の方向は、津波の防災事業と避難対策に向けられるべきです。私は、津波は制御できると考えています。そして、その防災技術は巨額の予算を必要とするものではないのです。

監修

丸山茂徳（まるやま しげのり）

東京工業大学大学院理工学研究科地球惑星科学教授。
名古屋大学大学院博士課程修了。米スタンフォード大学客員研究員。東京大学教養学部助教授、東京工業大学理学部教授を経て現職。約7億5千年前に、プレートの沈み込みとともに海水がマントルに吸収され始め、以来海水は減り続けているという独創的仮説を、岩石の高温・高圧実験の証拠とともに、1997年に発表、衝撃を投げかけた。「プルーム・テクトニクス」研究の世界最先端学者。
2006年　紫綬褒章を受章。

主な著書『46億年地球は何をしてきたか』(1993年、岩波書店)、『生命と地球の歴史』(共著、98年、岩波書店)、『ココロにのこる科学のおはなし』(2006年、数研出版)、『「地球温暖化」論に騙されるな！』(2008年、講談社)、『科学者の9割は地球温暖化CO2犯人説はウソだと知っている』(2008年、宝島社)、『火星の生命と大地46億年』(2008年、講談社)、『今そこに迫る「地球寒冷化」人類の危機』(2009年、ベストセラーズ)ほか

3・11本当は何が起こったか：巨大津波と福島原発――科学の最前線を教材にした暁星国際学園「ヨハネ研究の森コース」の教育実践

2012年5月30日　初 版　第1刷発行　〔検印省略〕
定価はカバーに表示してあります。

監修者Ⓒ丸山茂徳／発行者 下田勝司　印刷・製本　モリモト印刷

東京都文京区向丘1-20-6　郵便振替 00110-6-37828
〒113-0023　TEL(03)3818-5521　FAX(03)3818-5514
発行所 株式会社 東信堂
Published by TOSHINDO PUBLISHING CO., LTD.
1-20-6, Mukougaoka, Bunkyo-ku, Tokyo, 113-0023 Japan
E-mail:tk203444@fsinet.or.jp http://www.toshindo-pub.com

ISBN978-4-7989-0129-9 C3037

東信堂

書名	著者	価格
子ども・若者の自己形成空間―教育人間学の視線から	高橋勝編著	二七〇〇円
教育文化人間論―知の逍遥／論の越境	小西正雄	二四〇〇円
グローバルな学びへ―協同と刷新の教育	田中智志編著	二〇〇〇円
教育の共生体へ―ボディエデュケーショナルの思想圏	田中智志編	三五〇〇円
人格形成概念の誕生―近代アメリカの教育概念史	田中智志	三六〇〇円
社会性概念の構築―アメリカ進歩主義教育の概念史	田中智志	三八〇〇円
教育の自治・分権と学校法制	結城忠	四六〇〇円
教育による社会的正義の実現―アメリカの挑戦（1945-1980）	D・ラヴィッチ著 末藤美津子訳	五六〇〇円
学校改革抗争の100年―20世紀アメリカ教育史	D・ラヴィッチ著 末藤・宮本・佐藤訳	六四〇〇円
教育における国家原理と市場原理―チリ現代教育政策史に関する研究	斉藤泰雄	三八〇〇円
ヨーロッパ近代教育の葛藤―地球社会の求める教育システムへ	関啓子・太田美幸編	三二〇〇円
ミッション・スクールと戦争―立教学院のディレンマ	老川慶喜・前田一男編	五八〇〇円
多元的宗教教育の成立過程―アメリカ教育と成瀬仁蔵の「帰一」の教育	大森秀子	三六〇〇円
未曾有の国難に教育は応えられるか―「じひょう」と教育研究60年	新堀通也	三二〇〇円
演劇教育の理論と実践の研究―自由ヴァルドルフ学校の演劇教育	広瀬綾子	三八〇〇円
教育の平等と正義	K・ハウ著 大桃敏行・中村雅子・後藤武俊訳	三二〇〇円
オフィシャル・ノレッジ批判	M・W・アップル著 野崎・井口・小暮・池田監訳	三八〇〇円
〈シリーズ 日本の教育を問いなおす〉―保守復権の時代における民主主義教育		
拡大する社会格差に挑む教育	西村和雄・大森不二雄・倉元直樹・木村拓也編	二四〇〇円
混迷する評価の時代―教育評価を根底から問う	西村和雄・大森不二雄・倉元直樹・木村拓也編	二四〇〇円
教育における評価とモラル	西村和雄・戸瀬信之編	二四〇〇円
地上の迷宮と心の楽園〔コメニウスセレクション〕	J・コメニウス 藤田輝夫訳	三六〇〇円
〈現代日本の教育社会構造〉（全4巻）		
〈第1巻〉教育社会史―日本とイタリアと	小林甫	七八〇〇円

〒113-0023 東京都文京区向丘1-20-6　TEL 03-3818-5521　FAX03-3818-5514　振替 00110-6-37828
Email tk203444@fsinet.or.jp　URL:http://www.toshindo-pub.com/
※定価：表示価格（本体）＋税

東信堂

書名	著者	価格
ハンス・ヨナス「回想記」	H・ヨナス 盛永・木下・馬渕・山本訳	四八〇〇円
責任という原理―科学技術文明のための倫理学の試み（新装版）	H・ヨナス 加藤尚武監訳	四八〇〇円
空間と身体―新しい哲学への出発	桑子敏雄	二五〇〇円
環境と国土の価値構造	桑子敏雄編	三五〇〇円
森と建築の空間史―南方熊楠と近代日本	千田智子	四三八一円
メルロ＝ポンティとレヴィナス―他者への覚醒	屋良朝彦	三八〇〇円
概念と個別性―スピノザ哲学研究	朝倉友海	四六四〇円
〈現われ〉とその秩序―メーヌ・ド・ビラン研究	村松正隆	三八〇〇円
省みることの哲学―ジャン・ナベール研究	越門勝彦	三二〇〇円
ミシェル・フーコー―批判的実証主義と主体性の哲学	手塚博	三二〇〇円
カンデライオ（ジョルダーノ・ブルーノ著作集 1巻）	加藤守通訳	三二〇〇円
原因・原理・一者について（ジョルダーノ・ブルーノ著作集 3巻）	加藤守通訳	三二〇〇円
英雄的狂気（ジョルダーノ・ブルーノ著作集 7巻）	加藤守通訳	三六〇〇円
ロバのカバラ―ジョルダーノ・ブルーノにおける文学と哲学	N・オルディネ 加藤守通監訳	三六〇〇円

〔哲学への誘い―新しい形を求めて　全5巻〕

書名	著者	価格
哲学の立ち位置	松永澄夫・鈴木泉編	三二〇〇円
哲学の振る舞い	松永澄夫・村瀬鋼編	三二〇〇円
社会の中の哲学	松永澄夫・高橋克也編	三二〇〇円
世界経験の枠組み	松永澄夫・伊佐敷隆弘編	三二〇〇円
自己	松永澄夫・浅田淳一編	三二〇〇円

書名	著者	価格
哲学史を読むⅠ・Ⅱ	松永澄夫	各三八〇〇円
言葉は社会を動かすか	松永澄夫編	二三〇〇円
言葉の働く場所	松永澄夫編	二三〇〇円
食を料理する―哲学的考察	松永澄夫	二〇〇〇円
言葉の力（音の経験・言葉の力第Ⅰ部）	松永澄夫	二五〇〇円
音の経験（音の経験・言葉の力第Ⅱ部）―言葉はどのようにして可能となるのか	松永澄夫	二八〇〇円
環境　安全という価値は…	松永澄夫編	二〇〇〇円
環境　設計の思想	松永澄夫編	二三〇〇円
環境　文化と政策	松永澄夫編	二三〇〇円

〒113-0023　東京都文京区向丘 1-20-6　TEL 03-3818-5521　FAX03-3818-5514　振替 00110-6-37828
Email tk203444@fsinet.or.jp　URL:http://www.toshindo-pub.com/

※定価：表示価格（本体）＋税